कुमारजीव

(काव्य)

ज्ञान गरिमा के
70 वर्ष

भारतीय
ज्ञानपीठ

कुमारजीव

कुँवर नारायण

भारतीय ज्ञानपीठ

लोकोदय ग्रन्थमाला : ग्रन्थांक 1252

ISBN 978-93-263-5426-4

कुमारजीव
(काव्य)
कुँवर नारायण

पहला संस्करण : 2015
मूल्य : 250 रुपये

प्रकाशक : **भारतीय ज्ञानपीठ**
18, इन्स्टीट्यूशनल एरिया, लोदी रोड, नयी दिल्ली–110 003

मुद्रक : विकास कम्प्यूटर्स ऐंड प्रिंटर्स, दिल्ली

आवरण : 'पुंडरीक–सूत्र' के कुमारजीव कृत अनुवाद की अनुकृति
आवरण–सज्जा : चन्द्रकान्त शर्मा

KUMĀRAJĪVA
(Poetry)
by Kunwar Narain

Published by
Bharatiya Jnanpith
18, Institutional Area, Lodi Road, New Delhi-110 003
Ph. : 011-24698417, 24626467; 23241619 (Daryaganj)
Mob. : 9350536020; e-mail : bjnanpith@gmail.com
sales@jnanpith.net; website : www.jnanpith.net

First Edition : 2015
Price : Rs. 250

प्रिय भारती के लिए

प्राक्कथन

एक महान जीवन-चरित केवल अपने ही समय में नहीं जीता, इस जीने के दौरान अपने विचारों और चर्या से अपना एक प्रति-समय या समानान्तर-समय भी रचता है जो उसके पश्चात् भी चिरकाल तक जीवित रहता है। बुद्ध को जितना उनके युग ने बनाया उससे कहीं अधिक बुद्ध ने अपने युग को बनाया। यह समानान्तर-समय इतना दृढ़ और विशाल हो सकता है कि उसकी अपेक्षा प्रतिक्षण बीतता भौतिक समय अ-यथार्थ लगे। बुद्ध के 'विचारों का समय' स्थायी है। कुछ इसी तरह संसार के महान साहित्यों, कलाओं और विचारों के समयों को भी सोचा जा सकता है।

एक महा-नदी गंगा की तरह होती है। एक जीवन-धारा, जिसमें कालान्तर में अनेक छोटी-बड़ी नदियाँ मिलती चलती हैं। हर नदी का अपना एक क्षेत्र और उप-क्षेत्र होता है, जो एक महान चरित के प्रति-समय से तुलनीय है। कुमारजीव के कामों द्वारा रचित उसका समय उसका अपना भी है और बुद्ध या नागार्जुन के प्रति-समय में शामिल समय भी। प्रमुख धारा को पोषित और संवर्धित करती हुई अनेक नदियों में से एक। हम कुछ इस तरह भी इतिहास के महानायकों, कृतिकारों और कृतियों को

याद कर सकते हैं। बड़ी–छोटी सहायक नदियों की तरह जो मुख्य धारा को उद्गम से सागर तक समृद्ध करती हैं।

इसके अनेक अकाट्य प्रमाण मिलते हैं कि कश्मीर और गन्धार प्रदेश की पांडित्य–परम्परा की न केवल भारत बल्कि पूरे यूरेशिया में धाक थी। सिकन्दर के आक्रमण से बहुत पहले ही से जैन और बौद्ध विचारकों का एथेन्स और रोम से लेकर चीन तक, तथा उत्तरी एशिया (कूछा) से दक्षिण एशिया (श्रीलंका) तक आना जाना था। इसी यायावरीय परम्परा में अशोक ने बौद्ध विचारों के प्रचारकों को एशिया के उत्तर से दक्षिण तक, तथा पूर्व से पश्चिम तक भेजा था। विचारों के ये सांस्कृतिक अभियान आज भी विश्व–इतिहास में बेजोड़ हैं। यह यायावरीय प्रथा कभी रुकी नहीं। और विभिन्न तरीक़ों से उस काम को अंजाम देती रही जिसे वैश्विक कहा जा सकता है। यह अनुभूति रोमांचक है कि कैसे मनुष्य की सूक्ष्मतम कलाएँ और विचार, युद्धों और महायुद्धों के काले बादलों के बीच भी जगह बना कर बिजलियों की तरह चमकते रहे हैं। सधुक्कड़ी श्रमण–परम्परा में वे सही मानों में यायावर और घुमक्कड़ स्वभाव के थे। 'रेशम मार्ग' (सिल्क रोड) पर स्थित अधिकांश शहर जैसे खॉथान, क़ाश्गर, बुख़ारा, कूछा आदि बौद्ध केन्द्र थे। इसमें सन्देह नहीं कि उनके द्वारा भारतीय चिन्तन पूरे

यूरेशिया में पहुँचा होगा, जिसके अनेक तत्त्व प्राचीन यूनानी और बाद के ग्रीको-रोमन दर्शन में आसानी से पहचाने जा सकते हैं [ख़ासकर—प्लॉटिनस (PLOTINUS, 205-270 ई.) के 'नव-प्लेटोवाद' में]। इसी समय ग्रीक और रोमन दार्शनिकों की अनेक कृतियाँ भी अरबी में अनूदित हुईं। यह सहज सम्भव है कि सूफ़ीवाद में वेदान्त की जो झलकें दिखायी देती हैं वे इन्ही अनुवादों की देन हों। यह तथ्य भी दिलचस्प है कि बहुत समय तक प्लॉटिनस (रोमन विचारक) को नामोच्चारण की समानता के कारण प्लेटो समझा जाता रहा। उसके ENNEUDS को पढ़ते हुए आज भी लगता कि उसके कुछ अंश उपनिषदों के भावानुवाद हों।

इस काव्य-रचना में प्रयुक्त रेखांकन प्रो. निर्मला शर्मा की पुस्तक 'कुमारजीव' से लिए गए हैं, जिसके लिए मैं उनका आभारी हूँ। जे.एन.यू. के चीनी भाषा के विभागाध्यक्ष प्रो. हेमन्त अधलखा और चीनी अध्येता च्या येन के प्रति कृतज्ञता व्यक्त करता हूँ जिन्होंने फिनईन (PINYIN) पद्धति के अनुसार चीनी नामों के उच्चारण का सुझाव दिया। अमरेन्द्र नाथ त्रिपाठी और पंकज बोस ने पांडुलिपि संयोजन में बराबर सहयोग किया है। इन दोनों को मेरा शुभाशीष।

—कुँवर नारायण

क़िज़िल में कुमारजीव की प्रतिमा

कुमारजीव (344–413 ई.)

एक महापुरुष की जीवनी को आधार बना कर उसके समय और समाज को ज़्यादा जीवन्त और घनिष्ठ तरीक़े से अनुभव किया जा सकता है। एक असाधारण व्यक्तित्व में मानस-चरित अपने महाकाव्यीय आकार में अधिक नाटकीय और चटक उभरता है। बुनियादी जीवन-संघर्षों के आदि-रूप की एनलार्ज्ड प्रस्तुति हमें अपने जीवन-संघर्षों को बेहतर देख और समझ पाने में मदद करती है। वह चरित्र यदि कुमारजीव जैसा प्रकांड पंडित, भाषाविद्, चिन्तक, अनुवादक और संवेदनशील काव्य-मर्मज्ञ हो तो उसके परिवेश और अनुभवों को अधिक काव्यात्मक ढंग से भी परिकल्पित किया जा सकता है—इस संभावना ने मुझे कुमारजीव की जीवनी की ओर ख़ासतौर पर आकृष्ट किया।

कुमारजीव संस्कृत, पाली और चीनी भाषाओं का अधिकारी विद्वान था, यद्यपि इन में से कोई भी भाषा

उसकी मातृभाषा नहीं थी। सभी अत्यन्त परिश्रम से सीखी हुई परायी भाषाएँ थीं जिन्हें उसके अनुवादों से अप्रत्याशित ऊँचाइयाँ प्राप्त हुईं। संस्कृत के प्राचीन बौद्ध कालीन ग्रन्थों और साहित्य को पूरे एशिया में—चीन, जापान, कोरिया तक—फैलाने में कुमारजीव का अप्रतिम योगदान रहा है। उसके अनुवादों की प्रामाणिकता और गुणवत्ता आज भी उसी तरह बरक़रार है। अनुवादों की पारंपरिक चीनी पद्धति से हटकर कुमारजीव ने संस्कृत और चीनी भाषा के बीच विचार-विनिमय को प्रमुखता देते हुए संस्कृत भाषा की संस्कृति को चीनी भाषा में सम्भव बनाया। इस प्रयास में उसने अनुवादक के दायित्व को रचनाशीलता की हद तक विस्तृत किया जिसमें एक बुनियादी काव्यगुण को सहज ही पहचाना जा सकता है। उसने अनुवाद के दौरान एक बिल्कुल अलग ढंग की चीनी भाषा को सिद्ध किया; उसे कन्फ्यूसियस और लाओत्से की भाषा से अलग एक सशक्त बौद्ध-संस्कृति से सम्पन्न किया।

एक कुशल अनुवादक मूल पाठ को दूसरी भाषा में केवल ज्यों-का-त्यों नहीं पहुँचाता है, अनुवाद की भाषा के परिवेश को भी समृद्ध करता है—उसमें नये आयाम भी जोड़ता है ताकि वह मूल के अर्थ मात्र को

नहीं, उसकी बुनियादी संस्कृति का आभास भी दे सके। आज से डेढ़ हज़ार वर्ष पहले कुमारजीव इस तथ्य को देख सका और सम्भव बना सका। यह विद्वत्ता के क्षेत्र में भी उतना ही बड़ा कमाल है जितना भाषा और काव्य के क्षेत्रों में। बात केवल बौद्ध-ग्रन्थों के अनुवाद की नहीं है, भाषा की उन छिपी क्षमताओं की ओर ध्यान खींचने की भी है जो अनुवादों में भी अत्यन्त रचनात्मक ढंग से उद्वेलित हो सकती हैं।

कुमारजीव और उसके कुछ कामों के बारे में जानना मेरे लिए एक बड़ा अनुभव रहा है।

कुमारजीव की जीवनी और कार्यक्षेत्र प्रमुख रूप से कूछा, कश्मीर, क़ाश्गर, ल्यांगचओ (तुनहुआंग) और छांग-आन से जुड़े रहे हैं। कूछा, कश्मीर और क़ाश्गर में 344-383 ई. (39 वर्ष), ल्यांगचओ में 383-400 ई. (17 वर्ष) तथा छांग-आन (आधुनिक शि-आन) में 400-413 ई. (13 वर्ष)। प्रस्तुत रचना में इसी आधार पर खंडों का संयोजन किया गया है।

रेशम मार्ग पर स्थित और थारिम नदी की घाटी में बसा कूछा नगर उस समय बौद्ध संस्कृति, दर्शन और कलाओं का एक प्रमुख केन्द्र था। रेशम मार्ग जितना

व्यापारिक आवाजाही के लिए ऐतिहासिक ख्याति प्राप्त कर चुका है उससे कहीं अधिक विचारों, कलाओं, धर्मप्रचारकों आदि की गतिविधियों का मार्ग भी रहा है, तथा भारतीय विचारों के चीन से रोम तथा भू-मध्य सागर के किनारे बसे देशों तक पहुँचाने में भी उसकी ख़ास भूमिका रही है। विचारों का यह प्रचार-प्रसार एक तरफ़ा नहीं था। तिजारत की ही तरह यूरेशिया का समस्त वैचारिक और सांस्कृतिक कलाजीवन उससे स्पन्दित था। इस मिश्रित वातावरण का एक प्रतिनिधि उदाहरण बाईज़ेन्टियन (Byzantium) संस्कृति को माना जा सकता है जिसमें न केवल ग्रीक और रोमन बल्कि चीनी, भारतीय, अरबी, तुर्की आदि सभ्यताओं के स्पष्ट प्रभाव मौजूद हैं। बड़े विचार और कलाएँ जन्म कहीं भी लें, पर वे एक जगह सीमित नहीं रहते। पूरी दुनिया में फैलते हैं और विभिन्न देशों के सोच-विचार, साहित्य, कलाओं और रहन-सहन को प्रभावित करते हैं। जैन और बौद्ध विचारकों की जन्मस्थली भले ही भारत रहा हो पर आगे चलकर पूरे एशिया से प्रभाव ग्रहण करते हुए उनका विकास हुआ। एक बड़े विचार का यह बहुआयामी विस्तार चारों ओर से प्रभाव ग्रहण करता है। नागार्जुन (दूसरी सदी) दक्षिण भारत में हुए, पर महायान का विकास भारत से कहीं

अधिक चीन और मध्य एशियाई देशों में हुआ। इस सन्दर्भ में कुमारजीव का योगदान ख़ासतौर पर विचारणीय है। वह बौद्ध धर्म-ग्रन्थों का अनुवादक मात्र नहीं था, एक ऐसा महान विद्वान और विचारक भी था जिसने बौद्ध और भारतीय विचारों को पूरे एशिया में फैलाया।

कुमारजीव का जन्म सन् 344 ई. में कूछा में हुआ। जीवन के शुरूआती वर्ष कूछा में बीते। उसकी माता जीवा, तुर्की-चीनी राजवंश की थीं तथा कूछा के शासक की बहन थीं। पिता कुमारायण भी कश्मीरी राजपरिवार से जुड़े थे जो व्यापार के सिलसिले में कूछा आये थे—कुछ दिनों के लिए। राजाज्ञा से उनका विवाह जीवा से हुआ, किन्तु शीघ्र ही कूछा छोड़कर कुमारायण कश्मीर लौट गये। कुमारजीव जब सात वर्ष का ही था, उसकी माँ ने उसे बौद्ध धर्म में दीक्षित कराया। जीवा बालक कुमारजीव को लेकर कश्मीर में उसके पिता कुमारायण के पास आयीं। उसकी प्रारम्भिक शिक्षा कश्मीर में माँ-बाप और आचार्य बन्धुदत्त की देखरेख में हुई। पिता सर्वास्तिवादी (हीनयानी) थे। कश्मीर में रह कर कुमारजीव ने उच्च शिक्षा प्राप्त की। संस्कृत का अध्ययन किया। कुछ वर्ष वहाँ रह कर माँ के साथ वापस कूछा लौटा। कश्मीर से कूछा लौटते समय जीवा और कुमारजीव एक

वर्ष के लिए क़ाश्गर में ठहर गये थे जो कूछा की ही तरह उस समय भारतीय विचारों का एक प्रमुख केन्द्र था। यहाँ कुमारजीव की भेंट महायानी विद्वान गुरु सूर्यसोम से हुई। नागार्जुन (महायान के भारतीय प्रणेता) के विचारों का गहरा प्रभाव सूर्यसोम के संपर्क में कुमारजीव पर पड़ा और उसने महायान के बुनियादी महत्त्व को स्वीकार किया। कूछा लौटकर आचार्य विमलाक्ष (कश्मीरी विद्वान) की देखरेख में कुमारजीव का संस्कृत भाषा और साहित्य का गहन अध्ययन जारी रहा। उसके पांडित्य की ख्याति पूरे एशिया में फैल चुकी थी। यहाँ तक कि हर शासक चाहता था कि कुमारजीव उसके दरबार की शोभा हो।

छांग-आन के शासक फ़ू-च्येन ने कई बार चेष्टा की कि कुमारजीव छांग-आन आ जाएँ और उसके दरबार को सुशोभित करें। असफल रहने पर फ़ू-च्येन ने अपने सेनापति ल्वी-कुआंग को सेना लेकर कूछा भेजा। कूछा जीतकर ल्वी-कुआंग ने कुमारजीव को बन्दी बना लिया। उसके साथ वह छांग-आन लौट रहा था कि ल्यांगचओ पहुँचते-पहुँचते उसे ख़बर मिली कि फ़ू-च्येन की हत्या करके उसी के एक विश्वस्त सेनापति याओ छांग ने छांग-आन पर कब्ज़ा कर लिया है। ल्वी-कुआंग ल्यांगचओ में ही ठहर गया और अपने को वहाँ का स्वतन्त्र शासक

घोषित कर दिया। कुमारजीव के जीवन के सत्रह वर्ष ल्यांगचओ में बीते, ल्वी-कुआंग की हिरासत में। धीरे-धीरे कुमारजीव की विद्वत्ता से प्रभावित होकर ल्वी-कुआंग ने उसे अपना ख़ास सलाहकार बना लिया।

चौथी सदी का अन्त हो रहा था। इसी समय ख़बर मिली कि छांग-आन में फिर तख़्ता पलटा। फ़ू-च्येन का पुत्र याओ-शिंग सत्ता में आ गया था। मौजूदा सम्राट ने कुमारजीव को छांग-आन सादर बुलाकर दरबार में स्थान दिया। कुमारजीव के अन्तिम तेरह वर्ष अत्यन्त सार्थक थे। अनेक बौद्ध-ग्रन्थों के अनुवाद के साथ-साथ कुमारजीव ने एक गृहस्थ जीवन भी जिया।

इस समय कुमारजीव की जो जीवनियाँ उपलब्ध हैं, उसके शिष्यों द्वारा लिखी गयी प्रामाणिक जीवनियाँ मानी जाती हैं। कविता में आई कुमारजीव के जीवन की झलकें इन्हीं जीवनियों पर आधारित हैं।

एक संस्कृति के बीज दूसरी संस्कृति में पहुँचकर विकसित हुए। इसका एक उत्कृष्ट उदाहरण कुमारजीव का जीवन और उसका कार्यक्षेत्र है, जिसमें संस्कृत और चीनी भाषा को एक नयी जीवन-शक्ति मिली। कूछा की पराजय के बाद एक बार तो ऐसा लगा कि कुमारजीव

का जीवन अन्धकारमय हो गया। पर ल्यांगचओ में कुमारजीव ने उसे नयी तरह व्यवस्थित किया। अपने अध्ययन और लेखन को जारी रखा। जीवन में इस तरह के मोड़ों का आना एक बार तो विपदा की तरह लगता है पर आदमी अगर हिम्मत न हारे तो यही मोड़ वरदान भी सिद्ध हो सकते हैं। संस्कृत और चीनी भाषा पर अधिकार के पीछे कुमारजीव के उस जीवन का भी गहरा महत्त्व है जो ल्यांगचओ में ल्वी-कुआंग की हिरासत में बीता। ज़रूर वह एक मुश्किल वक़्त रहा होगा पर निश्चय ही वह वक़्त बेकार नहीं गया। शायद यहीं हम आदमी की संकल्प-शक्ति और पुरुषार्थ की उस गहत्ता को पहचान सकते हैं जो उसके प्रारब्ध को बदल सकती है। धीरे-धीरे कुमारजीव और ल्वी-कुआंग के सम्बन्धों में भी परिवर्तन आने लगा था।

घटनाएँ क्रमानुसार नहीं होतीं, वे आकस्मिक होती हैं। घटित होकर वे स्मृति या विस्मृति में चली जाती हैं। उन्हें अनुक्रमित करने का काम बाद में होता है, जैसे हम ऐतिहासिक तथ्यों को एक तारतम्य देते हैं। हम व्यतीत को छुटपुट स्वतन्त्र घटनाओं के संग्रह के रूप में भी याद कर सकते हैं और उन्हें जोड़ घटा कर भी, विवरणात्मक औपन्यासिक ढंग से भी।

कुमारजीव का जीवन कूछा, ल्यांगचओ और छांग-आन में बीता। उसके कामों को ध्यान में रखें तो इन तीनों स्थानों का कुमारजीव के जीवन में विशेष महत्त्व है। स्थान परिवर्तन (Migration) की मनुष्य जाति के सांस्कृतिक जीवन में ऐतिहासिक भूमिका रही है। उसने आदमी की रचनात्मक चेतना को तरह-तरह उकसाया है। यूरेशिया के पूरे इतिहास में लगातार विभिन्न जातियाँ एक जगह से दूसरी जगह आती जाती रही हैं और उनके साथ ही उनके सोच-विचार, रस्म-रिवाज़, रहन-सहन, खान-पान, वेश-भूषा का उनका संसार भी। यह क्रम आज भी जारी है। मनुष्य जाति के वैचारिक और सांस्कृतिक विकास में इस स्थानान्तरण का दूरगामी असर रहा है।

इस काव्य में कुमारजीव की जीवनी के द्वारा एक समर्पित विद्वान पर कुछ विचार किए गये हैं। इसमें घटनाओं से अधिक जीवन की कुछ सच्चाइयों को प्रमुखता दी गयी है, जो किसी भी समय में माने रख सकती हैं।

अनुक्रम

कुमारजीव

कुमारजीव

मैं तथागत के साथ हज़ारों साल लम्बी
एक महायात्रा पर निकला हूँ
हमें सदियाँ पार करनी हैं साथ-साथ
हमारे रास्ते में पड़ेंगे
न जाने कितने संसार और कितने वीरान

हमें ठहरना कहीं नहीं है
गुज़रते चले जाना है बहती हवाओं की तरह।

केवल कुछ शब्द—कुछ विचारों की ध्वनियाँ
भर छूट जाएँगी
हर घर की चौखट पर देतीं थाप
रमते जोगियों की पदचाप...

जैसे सोख लेते हैं पेड़-पौधे तक
रोशनी और हवा को
और मिट्टी तक पहुँचाते हैं
उसके प्राणद रसायन को,

दिव्य विचारों का तेज भी
उसी तरह पहुँचेगा—साँस लेता हुआ—
फूलों से जड़ों तक,

अशिव को पचा कर फैलेगी बार-बार
शिव की सुगन्ध भी हवा में,
चमकेंगे उल्लास के रंग भी
अँधेरे को फोड़ कर...
हम दिखायी देते रहेंगे विचरते
काल के अखंड में—
कभी एक तारे की तरह
कभी एक सूर्य की तरह।

फिर से जिया जा सकता है कुमारजीव को
जैसे उसने जिया था तथागत को
क्योंकि कोई भी बुद्ध या कुमारजीव
कभी भी मरता नहीं।

वह एक विचार का जीवन है
उसे जिया जा सकता है कभी भी
उसके समय में जा कर
या उसे अपने समय में ला कर...

जैसे कुमारजीव ने
पाया था कभी एक पूर्णत्व
जीते हुए बुद्ध के विचारों को
अपने समय में

जैसे मनुष्य जीता है
अपनी स्मृतियों और पिछले संस्कारों को
उन्हें आज के जीवन में
पुनर्वास देकर।

हर समर्पित साधक–विचारक–कलाकार
अपने समय के समानान्तर
रचता है अपना एक प्रति–समय भी।

एक जीवन जो समकालिक होता है
और सार्वकालिक भी
जिसमें उसके विचारों और कृतित्व के
सार–तत्त्वों का
स्थायी निवास होता है
वे विकसित होते रहते जन्म–जन्मान्तर।

मैं, कुमारजीव—बुद्ध के उपदेशों का वाहक
अनुवादक मात्र नहीं
उनके माध्यम से अपना भी एक सन्देश हूँ
उनके सन्देशों में शामिल।

तथागत की शिक्षाओं के साथ
उनमें मेरी साधनाएँ भी शामिल हैं।

मैं अपनी कृतियों में निबद्ध
अपना वह प्रति-समय भी हूँ
जिसमें मैं जीवित रहूँगा
अपने बाद भी—तथागत के साथ—

जैसे जीवित हैं तथागत
अपने बाद भी अपने रचे
उस परवर्ती उप-समय में
आज भी मेरे साथ!

प्रत्येक क्षण में
कई समयों को जीता हूँ

समय विभाजित नहीं, पदार्थ की तरह
न जुड़ा न पृथक, पदार्थ की तरह।
छोटे-छोटे खंडों में हम उसे विभाजित कर लेते हैं
अपने पदार्थ-बोध की तरह।

जिस युग को चाहता
आज की तरह जीवित कर लेता हूँ,
जिसे नहीं चाहता अचेत पड़ा रहने देता हूँ।
अ-जीव को सत्ता देता एक चेतन जीव
मैं ही बनाता हूँ अपना अतीत, अपना मध्यकाल,
अपना वर्तमान और अपना भविष्य
अपना दिक्काल

वे आते हैं हम तक
हमारे सपनों—हमारे विचारों के रास्ते...

यह मेरा वर्तमान है जो हज़ारों वर्षों बाद आया है
और मेरे हज़ारों वर्षों बाद तक रह सकता है
कभी प्राचीन
कभी प्रागैतिहासिक... कभी मध्यकालीन।

सादर सविनय आमन्त्रित करता हूँ
तथागत को उनके युग से
अपने युग में।

एक पुस्तक की तरह खोलता हूँ
उनके युग को अपने युग में

बहुत कुछ दबा पड़ा है
उन लिखावटों में
जो दिखायी नहीं देता समय की सिलवटों में।

पढ़ता हूँ 'तत्काल' की
कसी बुनावटों को, ढीली करते ही
उसके छिद्रों से आती
एक रोशनी
आज की स्थानिक चकाचौंध से
बिल्कुल अलग

प्रत्येक ग्रन्थ एक बन्द दरवाज़ा है
जिसे खोल कर मैं
शब्दों में प्रवेश कर जाता हूँ
और शब्दों के उस निर्झर

'समय' में नहाता हूँ
जो उस भाषा का समय है।

देखता हूँ
सुदूर अतीत में कहीं
मेरा पुर्नजन्म हुआ है—किसी अज्ञात जगह में...

मेरा मन है—जेतवन
वहाँ कहीं एक श्रावस्ती है, कहीं अमरावती
और तथागत का जीता-जागता सान्निध्य
उनकी शिक्षाओं को सुनते श्रमण
जहाँ सारनाथ, साँची और पाटलिपुत्र हैं।

लिच्छिवियों के रथों के धुरों से धुरा मिलाकर
अपना रथ दौड़ाती अम्बपालिका—गणिका
सगर्व कहती कि 'आज मेरे आम्रवन में
तथागत मेरे अतिथि हैं'

‘हज़ार कार्षापण ले ले गणिका
          यह आतिथ्य हमें दे दे...’
‘हज़ार जनपद दे दो तो भी नहीं!’ लिच्छिवियों ने सुना
और सब से आगे बढ़ गया उसका रथ!

सविनय लौट आता हूँ कूछा में—अपने युग में—
क़िज़िल की गुफाओं में जहाँ
मैत्रेय के पुनरागमन का उत्सव है।

न जाने कितने जन्मों में
कितनी तरह जिया है हमने
        'घर' के विभिन्न अर्थों को...

न जाने कितनी बार जाना है
एक गृहस्थ होने की खुशी
और फिर गृहविहीन होने की व्यथा,
एक घर बसाने का सुख
और फिर उसके उजड़ने का दुख...

न जाने कितनी बार कहा है विरक्ति से—
अब नहीं बनाऊँगा दूसरा घर

और न जाने कितनी बार
उग आया है खर-पतवार की तरह
शरीर पर दीमकों का टीला
कोई दूसरा घर संसार :

कितनी ही बार दृढ़ता से कहा है
निर्वाण-प्राप्त बुद्ध की तरह—
'हे गृहकार
अब और नहीं बनाने दूँगा तुझे
दूसरा घर—यह घर अन्तिम है'

लेकिन बार-बार लौटना पड़ा है
परलोक से फिर इसी लोक में
हाथों में लिए वही भिक्षापात्र
लेखनी या ज्ञान की मशाल...

कूछा से कश्मीर

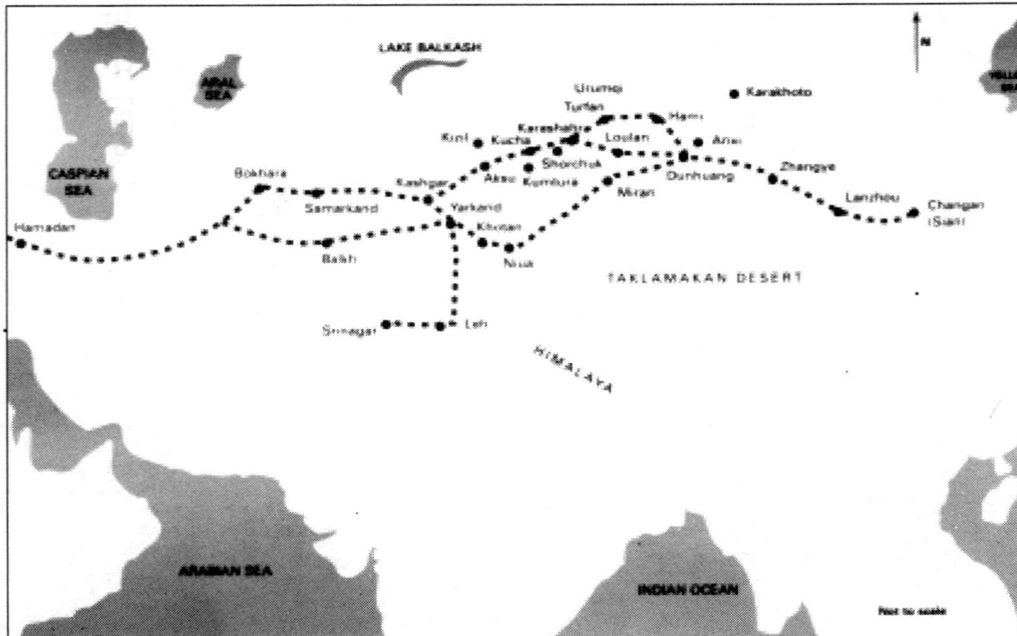

Source : Kizil on the Silk Road © Marg Publications, Mumbai

मध्य एशिया में रेशम मार्ग

जीवा और कुमारजीव का
उफनती सिन्धु को पार कर
कश्मीर की सुरम्य वादी में प्रवेश

कुमारजीव की स्मृतियों में गूँजते हैं
माँ जीवा और पिता कुमारायण के बीच
उसे लेकर कश्मीर में
एक उत्तेजित संवाद के कुछ अस्फुट अंश।

जीवा—
क्या यह बालक
केवल मेरा है? तुम्हारा भी नहीं?
जिसे तुम कूछा में छोड़ कर
लौट आये थे कश्मीर

कुमारायण—
हर व्यक्ति का यह जन्मसिद्ध अधिकार है
कि वह अपने लिए जीवन का
क्या ध्येय चुनता है।

कुमारजीव अभी बच्चा है
उसके इस स्वतन्त्र अधिकार को छीनकर
हम कोई अन्तिम निर्णय नहीं ले सकते
यह निर्णय उसे स्वयं ही लेना होगा
कि उसके लिए कौन–सा मार्ग
श्रेयस्कर है

जीवा—
लेकिन जब तक वह बालक है
उसके लिए कोई निर्णय
लेना ही होगा,
यह निर्णय कौन लेगा?

कुमारायण—
तब तक हमें उसे इस तरह
प्रशिक्षित करना होगा कि
बड़ा होने पर वह
अपने लिए उचित मार्ग चुन सके।
हो सकता है तुम उसके लिए जो मार्ग चुनो
वह उसे स्वीकार न कर पाए।

फिर उसे अपने फ़ैसले का दास बनाना
कहाँ तक उचित है;
अगर उसका निर्णय गलत है तो
एक प्रौढ़ कुमारजीव को
यह छूट हमेशा रहेगी कि
वह उसे बदल सके

मैं सर्वास्तिवादी हूँ
तो यह मेरा अपना चुनाव है।

न ही मैं चाहता हूँ कि कुमारजीव पर

इस तरह का कोई पूर्वग्रह
माता पिता की ओर से डाला जाए

यहाँ मैं उसे शिक्षा की पूरी सुविधा दूँगा

आचार्य बन्धुदत्त की इस समय
देश–विदेश में ख्याति है।
वह उनसे शिक्षा प्राप्त कर सकता है
उसके बाद भी यदि कोई अन्य मार्ग चुनता है
तो उसके लिए कोई बाधा नहीं बनूँगा।

काजल की कोठरी से होते हुए
बेदाग़ निकल जाना था मुझे,
व्यापार–मार्ग से होते हुए
पकड़ना था अपना मुक्ति–मार्ग
कि भटक गया...

कूछा में तुमसे विवाह हुआ
राजा की आज्ञा थी,

एक पुत्र का जन्म हुआ
विधाता का फ़ैसला था।

जीवा—
ठहरो... कुमारायण!
विधाता को बीच में डाल कर
कहीं तुम पिता होने के
सारे दायित्व से भाग तो नहीं रहे?

कुमारायण—
सारा दायित्व अपने पर लेकर
उस विधाता को
सारी परिस्थितियों से अलग भी कैसे रखा जा सकता है
जिसका हस्तक्षेप प्रतिपल
हमारे जीवन में होता रहता है।

उस अज्ञात शक्ति के बिना
मनुष्य के जीवन को सोचा भी कैसे जा सकता है
जिसके सामने हम सब विवश हैं।

जीवा—
तो क्या उसी विधाता ने
हम दोनों को अपने पुत्र का अभिभावक नहीं नियुक्त किया?

कुमारायण—
विधाता निर्लिप्त है किन्तु अकरुण नहीं।
यह बालक अनाथ नहीं,
उसी अकूत सम्पदा का वारिस है
जिसके हम सब हैं।

मेरे उद्देश्यों में एक गृहस्थी का प्रबन्ध नहीं
एक विद्याकेन्द्र की व्यवस्था थी,
मेरी चिन्ताओं में एक परिवार नहीं
पूरा मानव-परिवार था।

जीवा—
सब ऐसा करने लगें
तो दुनिया का क्या होगा

कुमारायण—
सब ऐसा नहीं करेंगे,
कुछ अपवाद ही ऐसा करेंगे

कोई भी अगर
सब से भिन्न कुछ न करे
तो दुनिया का विकास रुक जाएगा
विकास की यह सबसे टेढ़ी शर्त है।

बच्चे को बड़ा होते देर नहीं लगती,
आज जो दिखायी देता बच्चा
माँ-बाप से सट कर खड़ा,
कल वही दिखायी देगा युवक
उनसे हट कर खड़ा
अपना एक अलग संसार।

तुम देख रही हो जीवा, जिस जीवन को
केवल एक नीड़ के परिसर में फुदकते हुए

मैं देख रहा हूँ उसके कन्धों पर
उगते सोने के डैने

वह तुम्हारा पुत्र है तभी तक
जब तक तुम्हारी गोद में है :
पृथ्वी पर पाँव रखते ही
पूरी पृथ्वी उसकी माँ हो जाती है

जीवा—
जीवन बेहद जटिल है,

कुमारायण—
निःस्वार्थ प्रेम ईश्वरीय है,
वह उच्चतम कोटि का कर्तव्य-बोध है,
उसमें लेन-देन की सौदागरी नहीं,
उन्मुक्त दाता की अवढर उदारता है।

बहुत ग़ौर से देखो
आदमी की तस्वीर की

विचित्र रेखागणित को—
कोई लकीर सीधी और सरल नहीं,
सब आड़ी तिरछी
एक दूसरे में उलझी।

जीवा—
ये उलझनें कहीं तुम्हारी बहसों में तो नहीं?

कुमारायण—
बहसें बहुतरफ़ा ही होती हैं,
पर अन्तिम फ़ैसले
निष्पक्ष, निर्मम और बिल्कुल एकतरफ़ा

विरोधाभासों को स्वीकार करके ही
रास्ता निकालना पड़ता है—
वे सदा हमारे विरुद्ध ही नहीं पड़ते।

कुशल तैराक लहरों से लड़ता नहीं
उन पर से तैरता है

उग्र लहरों को फूलों की सेज बना लेता है,
अनाड़ी उनसे जूझता है
और पस्त होकर डूब जाता है।

जीवा—
कौन सिखायेगा पुत्र को यह कुशल तैराकी
यदि उसके माता पिता नहीं

कुमारायण—
कुशल तैराकी के पारंगत आचार्य
माता पिता हों तब भी
न हों तब भी।

उसे माता पिता की गृहस्थी के संसार से
ज़्यादा बड़े संसारों में विचरने दो

अनिश्चयों, द्विविधाओं और ख़तरों से गुज़रने दो
उत्तीर्ण होना है तो परीक्षाओं से बचा नहीं जा सकता

यहाँ वह मिल सकता है
विद्वानों और आचार्य बन्धुदत्त से
जिनकी ख्याति इस समय दुनिया भर में है।

जीवा—
एक माँ के हृदय से भी
देखती हूँ जीवन को
केवल एक विदुषी की
बुद्धि से ही नहीं।
विस्तृत किया है मैंने
माँ और कुटुम्ब के अर्थ को इसी भौतिक आधार से,
उसे संकुचित नहीं किया

एक माँ के धर्म को जाना है
तो एक गृहस्थी के अर्थ को भी
जो एक घर से ही नहीं
पूरी पृथ्वी से जुड़ा है।

कुमारायण—
उसी नाते स्वीकार करो इस ज्ञान-विज्ञान के
मन्दिर को ही अपना घर
जहाँ सब कुछ सब का है,
पूरी पृथ्वी हमारा कुटुम्ब।

आओ इस शिक्षालय को
अपने और तुम्हारे को
एक महत्तर अस्तित्व दे—कुमारजीव।

कश्मीर में कुमारजीव की शिक्षा का
प्रथम अध्याय था।

उस समय कश्मीर का सांस्कृतिक जीवन
अत्यन्त समृद्ध था
वह देश-विदेश के विद्वानों को आकृष्ट कर रहा था।
उनका आना जाना,
सभा-गोष्ठियाँ वहाँ के वातावरण में थीं।

कुमारजीव को याद थी
वह विशेष सभा जिसमें
अनेक प्रकांड विद्वान
उपस्थित थे

वहाँ नवयुवक कुमारजीव का भी होना
कौतूहल की बात थी

उसकी अद्वितीय प्रतिभा ने
हीनयानी बन्धुदत्त सहित सभी को
अवाक् कर दिया था।

कश्मीर से कूछा लौटते हुए
क़ाश्गर में एक वर्ष

सौदागरों, यात्रियों और भिक्षुओं का एक कारवाँ
अभी-अभी आया है क़ाश्गर में
कश्मीर से यारक़न्द होते हुए

बाज़ारों में हलचल है
नवागन्तुकों के आने से

दुकानों पर सजी दिखाई दे रही हैं
नयी नयी साज-सज्जा की सामग्रियाँ
दिखाई दे रहे सौदागरों के छोटे छोटे झुंड
दुकानों पर मोल भाव करते।

कुमारजीव और जीवा भी हैं यात्रियों में
और एक बौद्ध मठ में ठहरे हैं

वहाँ एक दैवी संयोग कुमारजीव को मिलाता है
महायान के आचार्य सूर्यसोम से

एक लम्बा संवाद चलता है उनके बीच कुछ दिन
सर्वास्तिवाद और महायान पर
और भारत के महान चिन्तक नागार्जुन के
दर्शन पर गहन विचार

कुमारजीव अनुभव करता कि तमाम मार्गों के
बीच से निकलता एक मध्यम-मार्ग भी है
तमाम विसंगतियों के बीच से निकलता
एक सन्तुलन-बिन्दु!

एक को दो में काट कर
फिर उन्हें पक्ष-विपक्ष में बाँट कर
सोचता है कुमारजीव
हम जिन वृत्तियों के बने हैं उन्हीं के विरुद्ध
यह कैसा विषम गृह-युद्ध!

असंगत है कहीं कुछ शुरू से ही
लड़ाई के इस बुनियादी रूपक में
शक्तियों का अपव्यय।

सुलह क्यों नहीं
क्षमा क्यों नहीं
दो अतियों के बीच से निकलता
एक तीसरा मध्यम-मार्ग क्यों नहीं?

अति को जानो
वहाँ ठहरो मत
लौटो
अपने अन्दर उसी सन्तुलन-बिन्दु पर
जहाँ सम्भव है
समन्वय।

नगर की एक संकरी गली से निकल कर
बाहर खुले में आ गया है कुमारजीव

उसे याद आता कि कभी
एक अर्हन्त ने उसे देख कर कहा था—

विलक्षण प्रतिभा का धनी है यह नवयुवक
यदि यह पैंतीस वर्षों तक
अपने को काम-वासना से मुक्त रख सका
तो बौद्ध-धर्म का अद्वितीय उपदेशक होगा

सुन कर चौंक पड़ता है कुमारजीव

किन्तु मैं तो अपना मार्ग तय कर चुका—
मुझे बौद्ध-धर्म का उपदेशक नहीं होना है
बौद्ध दर्शन-ग्रन्थों का
अध्येता-अनुवादक-ज्ञाता और व्याख्याता होना है।

मेरी लड़ाई इन्द्रियों से नहीं
अज्ञान से है,

इस घर का असली स्वामी तो आत्मा है
और उसका चरम लक्ष्य है प्रज्ञा-पारमिता।

मेरा मुख्य उद्देश्य बौद्ध दर्शन-ग्रन्थों को
संस्कृत और पाली से चीनी भाषा में लाना है
उनकी सम्पूर्ण संवेदना और संस्कृति के साथ,

जिस माधुर्य को मैं संस्कृत भाषा में सुनता हूँ
चीनी में भी उसकी अनुगूँजों को सुरक्षित रखना है

एक अनवरत यात्री की दिनचर्या—
दिन ढले कारवाँ-सरायें
दिन होते ही पुकारती राहें

जैसे अलिखित पृष्ठों पर
चलते अनथक क़लम के पाँव

अलक्षित को लक्ष्य बनाती एक ज़िद—
इन्ही व्यापार-मार्गों और पड़ावों से होते हुए
निकल जाना है मुझे अपने मार्ग पर

कुमारजीव पूछता अपने से—
मैं कौन हूँ

कहाँ से आया हूँ
कहाँ जा रहा हूँ?

और देता है स्वयं को उत्तर भी—
मैं कोई नहीं
न-कहीं से आया हूँ
न-कहीं जा रहा हूँ

कुछ देर ठहर कर
शरीर के विश्राम-गृह में
चला जाऊँगा
फिर उसी शून्य में
जिस शून्य से आया हूँ।

घूमते हुए
शहर के बाहर निकल आया है कुमारजीव

झील के किनारे
बैठ जाता है एक नाव में

झील में तैरती है नाव
तारों से भरा आकाश–मंडप हो गया है
तारों से भरी एक छोटी–सी झील

तैरता है चन्द्रमा पानी में
जैसे एक चमकती कन्दील

जो दिखाई देता झिलमिल
वह कितना सच है, कितना मतिभ्रम
सब कुछ है—होने से होने तक
या कुछ भी नहीं है शून्य से शून्य तक।

सूर्योदय—
झील में खिलते सरसिज,
कुमारजीव अनुभव करता अपने कन्धों पर
गुरु सूर्यसोम के हाथों का हल्का स्पर्श—

'तुम कुछ परेशान दिखते हो कुमारजीव,
मेरे पास से समाधानों को लेकर जाना, संशयों को नहीं

कोई सन्देह या द्विविधा हो तो उसका स्पष्टीकरण
मेरे साथ बैठ कर करो,
मैं भरसक उनका उत्तर दूँगा
क्योंकि मुझे पूरा विश्वास है तुम्हारी सामर्थ्य में

सूर्य जब एक जगह डूबता प्रतीत होता है
दूसरी जगह उसकी आभा फैलती है

यह समय है अब उत्तरी एशिया में
बौद्ध धर्म के उदय का

तुम्हें ही इस प्रकाश को पूरे एशिया में फैलाना है।'

कुमारजीव कहता—
मैं कुछ उलझन में पड़ गया हूँ शून्यवाद को लेकर
यह कैसा सिद्धांत है
जो कहता कि सभी धर्म निस्सार हैं

क्योंकि—सूर्यसोम कहते—
आँखों और उन इन्द्रियों का भरोसा नहीं
जिन पर हमारा अस्तित्व-बोध आधारित है
वे हमें बहुत दूर तक नहीं ले जा पातीं

हमारी आँखें लपकती हैं
दूर चमकते तारों के लिए
पर देख नहीं पातीं
कि तारों और अँधेरों का
पूरा चिदाकाश तो हमारे अन्दर ही है।

कूछा वापसी

सुदूर पूर्व की ओर देखते हुए कुमारजीव

कई वर्ष कश्मीर और क़ाश्गर में
रह कर जब कुमारजीव कूछा लौटा
वह एक शिक्षित नवयुवक था

वह अपने बचपन के नगर को
नई तरह अनुभव कर रहा था।

कूछा का सांस्कृतिक वातावरण
संगीत, कविता, नाटक और कलाओं से
भरा पूरा था,
उसकी गूँजें और अनुगूँजें
कुमारजीव के रक्त में प्रवाहित थीं।

अतीत की अनेक स्मृतियाँ और संस्कार
हमारे अन्दर पड़े रहते हैं,
अनुकूल प्रेरणा पाकर वे
नए रूपों में प्रकट होते हैं।

संस्कृत भाषा और काव्य के
ओज और माधुर्य की
ध्वनियों और प्रतिध्वनियों को
वह चीनी और तुषारी भाषाओं में
उतार लाना चाहता था
जो उसके अनुवादों का एक
बड़ा गुण बन गया।

कूछा उस समय क़ाश्गर
खॉथान, यारक़न्द
नगरों की तरह बौद्ध संस्कृति का
एक प्रसिद्ध केन्द्र था।

विद्वानों का यह उर्वर क्षेत्र
अब महायानी विचारधारा का
प्रसिद्ध गढ़ बनता जा रहा था।

कुमारजीव की विद्वत्ता और प्रतिभा ने
अनेक शिष्यों और साथियों को
महायान में दीक्षित कर लिया।

उसकी प्रबल इच्छा थी कि
गुरु बन्धुदत्त को भी इसका लाभ पहुँचे।

इस सूचना ने उसे हर्ष से विभोर कर दिया
कि अचानक बन्धुदत्त
उससे मिलने स्वयं कूछा पधारे हैं।

कूछा का बौद्ध सम्राट फो शुन भी आह्लादित था।

उसके द्वारा किए गये भव्य स्वागत के बाद
कुमारजीव को बन्धुदत्त से माध्यमिका पर

गहन संवाद का अवसर मिला
और अन्ततः बन्धुदत्त ने भी महायान की
महत्ता को स्वीकार किया।

यह न केवल महायान बल्कि
कुमारजीव की भी सफलता का संकेत था।

बोधिसत्व का लक्ष्य अपने आप को
मुक्त कर लेना ही नहीं
दूसरों की मुक्ति के लिए भी
सतत् सक्रिय रहना है।

दृष्टि व्यक्ति तक सीमित न होकर
महायानियों के लिए वह सार्वभौमिक है।

भारत के लिए प्रस्थान करते समय
जीवा ने विह्वल हो कर कहा था—

ईश्वर ने तुम्हें ज्ञान और विद्या का
अकूत वैभव सौंपा है
तुम उसके रक्षक और वाहक हो,
उसे सब तक निस्पृह भाव से पहुँचाना
तुम्हारा परम कर्तव्य है,
इसी में तुम अपने को पूर्ण कृतार्थ
अनुभव करोगे।
ज्ञान और विद्या का उन्मुक्त आदान प्रदान होता है
इसी में उसकी वृद्धि होती है।

तुम इसके निमित्त मात्र हो
कभी भी सांसारिक लाभ की
आशा मत रखना।

कुमारजीव ने कहा—
ऐसा ही होगा माँ।

यद्यपि वह जानता था कि
उसके सामने अनेक सांसारिक प्रलोभन
और विपत्तियाँ आएँगी
किन्तु उसे हर हाल में अविचलित
रहना है।

याद करता है कुमारजीव
उन अनेक अनुभवों को
जिनसे भर उठा था उसका जीवन :

क़ाश्गर से कूछा आते समय
यारक़न्द में विद्वानों की वह सभा

जिसमें वह उत्तीर्ण घोषित हुआ था
और क़ाराशार में पहुँचते पहुँचते
सीमा पर वहाँ के शासक द्वारा
उसका वह अद्‌भुत स्वागत समारोह
जिसने कुमारजीव को विह्वल कर दिया था

स्वागत मंच तक पहुँचने के लिए
सीढ़ियों की जगह राजकुमारों की
झुकी हुई पीठें थीं

जिन पर सकुचाते पाँवों को रखते हुए
वह मंच तक पहुँचा था।

विचित्र अनुभव था वह
जिसकी स्मृति उसके मन में बस गयी थी।

इस समय हर शासक चाहता था
कि कुमारजीव जैसा अप्रतिम विद्वान
उसके साथ रहे

उनके लिए कुमारजीव की विद्वत्ता से
उसकी ख्याति की अधिक महिमा थी।

कुमारजीव के लिए दरबार के सम्मान की अपेक्षा
विद्वत्समाज में रहना ज़्यादा अर्थ रखता था

आचार्य सूर्यसोम ने जिस राजपाट के
आकर्षण को त्याग कर
बौद्ध धर्म अपनाया था
कुमारजीव उसी मार्ग का
यात्री बनना चाहता था

स्वर्ग का एक टुकड़ा पाया जा सकता है
कहीं भी इसी पृथ्वी पर

लेकिन कुमारजीव उस व्यक्ति की
बेबसी को सोच रहा था
जो एक विपन्न जीवन से बँधा हो।

एक हल्की-सी आहट भर ही होती है, बस
और आँखें खुल जाती हैं
हवा का एक अजीब-सा झोंका आता
और संसार हिल जाता एक रंगीन पर्दे की तरह
जिससे ढका होता है
एक अन्धा महाशून्य!

बहुत ही कम हैं ऐसे
जो देख पाते हैं दूर चमकते
उस तारे की मद्धिम झलक

जिसके दिखते ही
जीने का उद्‌देश्य बदल जाता है

उद्देश्य के बदलते ही बदल जाता है मार्ग
जो पूरे जीवन को बदल देता है

मार्ग के बदलते ही बदल जाता है
सम्पूर्ण अस्तित्व का अर्थ।

किसी ठंडी रात में
ऐसा ही कुछ हुआ होगा कुमारजीव के साथ

उसे लगा होगा—द्वार पर कोई था
शायद वही—
और पल भर में बदल गया होगा
'है' और 'था' का अन्तर...

विचारों की एक लहर जो उठी थी
हज़ार साल पहले कहीं हिमालय की घाटियों में
हिमालय को पार करती
फैल गई थी पूरे एशिया में

वही लहर है शायद
उसका द्वार खटखटाती।

उठ कर किवाड़ खोला होगा उसने
'स्वागत... तथागत!'

पर वहाँ तो कोई नहीं, आश्चर्य!
कोई तो था—कोई तो था—कोई तो था—

सोचता हुआ एक विश्वास
घर से बाहर निकल आया होगा
फिर एक राजकुमार—एक भिक्षुक बन गया होगा
और फिर कभी नहीं लौटा होगा
उस मिट्टी के घरौंदे में
जो अब मिट्टी हो चुका है।

हिमालयों के पार
काल के अखंड में आज भी
अनिकेत विचरता है
एक परिव्राजक मन...

साफ़ सुनाई देती है कभी-कभी
रात के सन्नाटों को चीरती हुई उसकी आवाज़
कोई तो था—कोई तो था—कोई तो था—
इस युद्धोन्मत्त दुनिया में
कहता हुआ—बुद्धं शरणं गच्छामि...

तो वही था उस रात!
जो मेरे द्वार पर आया था
और भिक्षा में माँग ले गया था मुझसे
मेरा सर्वस्व

बस एक झलक दिखा था वह मुझे
एक गेरुए लबादे में
उसकी आँखों में वही शान्ति
हज़ार वर्षों बाद भी
उसी तरह मुखर
कूछा की एक कँपा देनेवाली रात में
तथागत—

केवल एक प्रभामंडल
नक्षत्रों के बीच चमकता!

जब थक जाती है चेतना
दुनिया के शोर से
कान बन्द हो जाते हैं उस ओर से

पहले कभी नहीं सुना जो संगीत
अपने अन्दर गूँजने लगती है उसकी अनुभूति

जैसे-जैसे ख़ामोश होता जाता बाहर का शोर
तीव्रतम होती जाती है उस संगीत की प्रतीति।

एक चिनगारी छू जाती अस्तित्व को
ब्रह्मांड हो जाता है मस्तिष्क
काषाय में बदल जाता है शरीर...

तो वही था उस रात—पूरा ब्रह्मांड।

बोलता—प्रज्ञा–पारमिता
संस्कृत में, पाली में, तुषारी में, चीनी में, तिब्बती में...

बातें करो
आनन्द की भाषा में, करुणा की भाषा में...

अस्फुट शब्द–ध्वनियाँ सुनाई देंगी
झरती पत्तियों के मर्मर में—
प्रशान्त सरोवर की गहराइयों में।

दिखायी देंगे
उदात्त ऊँचाइयों के धीर शिखर

कोई आवाज़
अपने बिल्कुल पास सुनना चाहता हूँ
इतने पास, इतनी सजीव
कि रूप लेती प्रतीत हो
एक अस्पष्ट ध्वनि।

अचानक एक दिन दिखायी देते
क्षितिज पर घिरते
युद्ध के विध्वंसक काले बादल

पहाड़ों से उतरते घुड़सवार
थारिम की हरी-भरी घाटी में
विनाश की एक काली आँधी

ल्वी-कुआंग के क्रूर लड़ाकों से
भर गई हैं कूछा की गलियाँ

मशालों की तरह जल रहे मकान

पृथ्वी की छाती से चिपकी
एक भयभीत बच्चे-सी फूलती-फलती हँसती-खेलती
एक निरीह सभ्यता को
धूल में मिला कर
खुश हो रहा है एक घमंडी गर्व से
पाकर सम्राट फ़ू-च्येन के लिए
लूट का सब से क़ीमती रत्न—
अप्रतिम विद्वान कुमारजीव।

एक बच्चा पैदा होते ही
चीख़-चीख़ कर घोषित करता—
मैं सम्राट हूँ,
पूरी दुनिया मेरा साम्राज्य है

और पूरा जीवन बिता देता लड़ते हुए
अपने इस अधिकार की रक्षा में।

अधिकारों के ऐसे तमाम दस्तावेज़ों से
पटा पड़ा है इतिहास का लेखागार

उनके वंशज
आज भी लड़ रहे
वही पुरानी लड़ाइयाँ
कि पूरी पृथ्वी मेरी है।

कुमारजीव चिन्तित है
वह नहीं चाहता कि फो शुन और
छांग-आन सम्राट फ़ू-च्येन के बीच युद्ध हो।

वह कूछा नरेश को सलाह देता है—
यह युद्ध साक्षात् विनाश का आह्वान है
इसे अस्वीकार कर दीजिये
छांग-आन के प्रति मैत्री और शान्ति का हाथ बढ़ाइये
इसमें दोनों देशों का कल्याण है।

कुमारजीव अश्वघोष के बारे में सोच रहा था
जिसे कनिष्क को सौंप कर काशी नरेश ने
काशी जनपद की रक्षा की थी,
अश्वघोष सम्मानित हुआ था
कनिष्क जैसे गुणी राजा के दरबार में
और काशी के लोगों की विनाश से रक्षा हुई

किन्तु फो शुन ने युद्ध को चुना,
सेनापति ल्वी-कुआंग से हारा
और युद्ध में मारा गया।

कुमारजीव की दूरदर्शी आँखें दूर तक
युद्ध के कुपरिणामों को देख रही थीं।

छांग-आन के सम्राट फ़ू-च्येन के
सेनापति ल्वी-कुआंग का कूछा पर अधिकार।

जीत के गर्व से उन्मत्त
झूमता हुआ ल्वी-कुआंग
गरज कर पूछता—'कौन है—कहाँ है—कुमारजीव?'

एक युवक आगे बढ़कर विनम्रता से कहता—
'मैं भिक्खु कुमारजीव'

एक ठहाका लगाता ल्वी-कुआंग, 'भिक्खु नहीं, मूर्ख;
बिना भोग विलास को जाने ही
त्याग बैठा सब सुखों को'

एक उजड्ड सैनिक का नीच उपहास
अपमानित करता एक योगी के सौम्य धीरज को।

जबरदस्ती खोल कर उसका मुँह
उड़ेल देता है शराब—
दुनिया की सब से तीखी शराब

'इससे हिल जाएगी तेरे संकल्पों की नींव।
और यह युवती—इसका उपभोग कर,
यही है स्वर्ग

क्षितिज के इसी तरफ़ है सब कुछ
इसके बाहर कुछ नहीं।'

वह गालियों की भाषा में बोलते हुए
स्वयं एक भद्दी-सी गाली में बदल गया लगता था।

वह ख़तरनाक हो सकता है अपने लिए ही
बहादुरी का खेल खेलते हुए

एक लुढ़कती चट्टान को
पकड़ कर सामने से
उसे पीछे ढकेलते हुए।

पर वह भी बदल सकता है धीरे-धीरे
एक स्वस्थ मनुष्य में

क्योंकि उसके अन्दर भी
वे ही तत्त्व हैं
जो बदल सकते हैं
असम्भव को सम्भव में।

कक्ष के एक कोने में सिमट कर बैठी
कन्या के माथे को सहलाते हुए
कहता है कुमारजीव—
डरो नहीं—तुम नहीं
केवल तुम्हारा साहस टूटा है।

एक स्पर्श उसे आश्वस्त करता
कि उस समय भी उसे कोई सँभाल लेगा
जब उसे लगेगा कि वह बिल्कुल अकेली छूट गयी है।

कहता है कुमारजीव—
रो मत, मैं पशु नहीं,
मनुष्य हूँ जिसे जीवन में
अभी बहुत कुछ करना है,

उससे लड़कर मुझे नष्ट नहीं होना है।

इन्द्रियाँ मेरे अधीन हैं
मैं उनके अधीन नहीं—
मैं रह सकता हूँ
इन्द्रियों के घर में भी
जैसे एक गृहस्थ,
और रह सकता हूँ
विद्या के मन्दिरों में भी
ध्यानस्थ।

विघ्न भी आते हैं
एक साधक के जीवन में
आसुरी उत्पात
होते रहते तपोवन में भी

उनसे वह खिन्न होता
किन्तु विचलित नहीं
न अपनी साधना से विरत।

कभी-कभी यही विघ्न
और भी दृढ़ कर जाते हैं
उसके संकल्पों को।

एक शरीर की व्यवस्था में
मेरा जन्म हुआ,
यह मेरी बाध्यता थी

उसकी माँगें,
उन्हें स्वीकार करता हूँ
और अपने शीश को बचाता हूँ
जिसे आजीवन अज्ञान के विरुद्ध लड़ते रहना है।

मेरा परम धर्म ज्ञान है,
शेष सब मार्ग की
बाहरी विघ्न-बाधाएँ हैं,
उन्हें इससे अधिक महत्त्व देना भी
एक तरह की पराजय है।

स्त्री-पुरुष के सम्बन्धों का अर्थ
साधना में विघ्न डालती अप्सरायें ही नहीं
एक ऋषि की सौम्य गृहस्थी भी हो सकती है।

बाहर से किवाड़ खोलता है एक सैनिक।

चलो भिक्खु, हमें अब पहुँचना है छांग-आन,
ल्वी-कुआंग कहता—
सम्राट को भेंट करना है—तुम्हें—
'इस जीत का सब से क़ीमती रत्न'

आराम से बैठो इस तेज़ घोड़े पर... अरे, गिर गए?
कैसे सवार हो! अच्छा इस बैल पर बैठो...
वाह... वाह... उससे भी गिर गए : बिगड़ैल था क्या?

अच्छा चलो अपने श्वेताश्व पर ही,
हमें छांग-आन तो पहुँचना ही है किसी तरह।

सम्राट प्रतीक्षा नहीं करते
वे केवल आज्ञाएँ देते हैं।

कुमारजीव की दूरदर्शी आँखें
देख रहीं ल्वी-कुआंग के आरपार

मान अपमान की भौतिक सीमाओं को
सहता है एक विद्वान धैर्य से
एक पागल विजेता के अभद्र उपहास को

हतप्रभ है कुमारजीव
यह कैसा विरोधाभास
कैसा अज्ञान

यह सारी हिंसा, लूटपाट, रक्तपात,
उसे पाने के लिए जो नष्टधर्मा है
उस सत्य को पाने के लिए नहीं
जो अमर है।

एक सम्राट का दम्भ—इतना स्थूल,

क्या इतना छिछला, नाबालिग़ हो सकता है
कि 'कुमारजीव एक क़ीमती रत्न है'

जो किसी भी तरह उसके हाथ आए
और उसके दरबार की शोभा बढ़ाये।

आश्चर्य होता
कितना अन्धा है आज भी
युद्धों में आदमी का विश्वास
और कितना कच्चा है
बुद्धिमत्ता, मैत्री और प्रेम में
उसका आत्मविश्वास

कि थमने ही नहीं आती
अपनी सुख-समृद्धि के लिए
सामूहिक नर-बलि की मूर्खता

अपने अपवित्र अभियानों में
भगवान तक को शामिल कर लेने की धूर्तता।

या यह भी एक दैवी व्यवस्था है
कि घोर अशान्तियों के बीच भी
अनायास छूटते चले जाएँ शान्त जगहों के समास-चिह्न;
उनमें बचती रहें
एकान्त निरापद नैसर्गिक उपस्थितियाँ।

कहीं कुछ है
विनाश के तांडव से भी अधिक
शक्तिशाली
जो रक्षा करता है
धीर, उदात्त और सुन्दर की।

रेशम मार्ग पर
आदमी, खच्चर और सामान
लदे-फँदे क़ाफ़िलों के अटूट सिलसिले
जीते हैं आज भी
मध्य एशिया के ऊबड़-खाबड़ रास्तों का जीवन
एक बीहड़ संसार

इनके संग परन्तु इनसे असंग
सोचते कुछ विचारक
ढोते जीवन का कठोर-यथार्थ

सोचने का साहस किया था
कभी एक आदमी ने—

युद्ध और तिजारत के रूपकों में बँधे
शब्दों को मुक्त करके।

आदमी जब कोई महान स्वप्न देखता
बदल जाती है उसकी जीवन-दृष्टि

अलौकिक हो जाता है
उसका भाषा-बोध

एक दार्शनिक की तरह जीता है वह
अगाध शब्दों के चिरकाल में,
मुश्किल हो जाता है तब
उस जीवन का भाष्य लौकिक भाषा में।

ये बड़े-बड़े मरुथल
इनमें कुछ भी जीवित नहीं,
इनका पानी मर चुका है
ये कुछ भी नहीं दे सकते जीवन को
सिवाय मृत्यु के।

ये तपते टीले
और रेत की ख़ूँख़्वार आँधियाँ
विपदा की तरह हरी-भरी वादियों में उतरतीं
और उन्हें उजाड़ कर लौट जातीं।

दहाड़ती है मौत
बड़े-बड़े रेगिस्तानों में—

वह एक मरुभूमि की
धधकती हुई प्यास है
जो न जाने कितनी नदियों और झीलों को
पीकर भी शान्त नहीं हुई।

कुछ उम्मीद है तो
इन छोटे-छोटे मरुद्यानों से ही
जिनमें चमकता है जीवन :

वे जो लूटते नहीं,
भिक्षुकों की तरह ग्रहण करते—
जो कुछ भी देती हैं उन्हें ऋतुएँ
उदार गृहिणियों की तरह।

कुछ उम्मीद है तो उन्हीं से
जो छीनते नहीं, बाँटते हैं
जिसमें सब का हित हो,
दिखाते हैं एक साधु मार्ग
भयानक बीहड़ों और युद्ध-क्षेत्रों से
बच कर निकलता हुआ।

एक फूल—
एक तितली-स्पर्श :
ऐसा कुछ जो पकड़ में न आए
और जीवन को सुगन्ध की तरह
भर जाए।

रेशम मार्ग पर चमकता है जीवन
छोटे-छोटे मरुद्यानों में।

खेतों में काम करते मेहनती किसान,
कलाकार और विद्वान

एक अमिट दुनिया है इनकी भी
छोटी ही सही
पर अपनी समवेत सत्ता में बहुत बड़ी।

वे बलिदानी अभियान
विचारों की दिग्विजय को सम्भव बनाते,

निहत्थे भिक्खुओं के समूह
रेगिस्तानों में भी बनाते स्तूप,
निरवधि में विचरते बेघर शब्द
उनके भित्ति-चित्र,
ग्रन्थ
और अक्षर।

कूछा से ल्यांगचओ

ल्वी-क्वांग का सैन्य अभियान

ल्यांगचओ पहुँचते-पहुँचते ल्वी-कुआंग को
ख़बर मिलती है कि सम्राट फ़ू-च्येन का वध कर दिया है
उसी के एक विश्वस्त सेनापति याओ छांग ने।

ठहर जाता है ल्वी-कुआंग
ल्यांगचओ में,
अपने को घोषित करता है
वहाँ का स्वतन्त्र शासक।

नए विजेता की जय जयकार होती है—
सम्राट दीर्घायु हों,
हम इस शान्त उपजाऊ प्रदेश पर
अपना राज्य स्थापित करने में सफल हुए,

हम यहाँ के लोगों पर
आतंक का दबदबा स्थापित करने में सफल हुए,
इस डरी हुई अधमरी प्रजा के
नए शासक की जय हो।

कारीगरों, खेतिहरों और चरवाहों की
छोटी-छोटी आबादियाँ, आज़ादियाँ और लड़ाइयाँ,
उनकी सुलहें और शान्तियाँ

एक ख़तरा थीं साम्राज्य के लिए

हमने उन्हें अपने शासन की सुरक्षा दी है,
हम क़ामयाब हुए
स्थापित करने में
सम्राट का आतंक
उन पिछड़े इलाकों पर
जो अब एक सशक्त साम्राज्य का उपनिवेश हैं।

सम्राट के आतंक से घबराकर
लोगों ने बहुत धीमे बोलना सीख लिया है

कभी-कभी तो इतना धीमे बोलते हैं
मानो वह भाषा में नहीं
केवल आहों और हिचकियों में बोल रहे हों

उनकी भी एक भाषा है
जो कभी कभी ध्वनियों से भी
अधिक तीव्र होती है।

उनके दुखदर्द की प्रतिध्वनियाँ
टकरा कर बियाबान से
लौटती हैं स्मृतियों में
और बसे-बसाये नगरों में आकर
बस जाती हैं—
अपने घरों में नहीं, खंडहरों में।

वे चुप नहीं
केवल डरे हुए हैं
उन्हें भय से मुक्त करना
हर विजेता की
अन्तिम परीक्षा है।

यहाँ से वहाँ तक
जीत कर
चिन्तित है हर सम्राट
यहाँ से वहाँ तक

कोई नहीं जानता कैसा हो वह देश
कैसी हो धरती
कैसा हो समय, पेड़-पौधे, पशु-पक्षी, लोग

कैसा हो वह बड़प्पन—कैसी हो नीचता—
वह उत्थान पतन

अपनी ही लड़ाइयों से थक कर
अपने घर लौटना चाहता है अन्त में   हर सिपाही

आराम करना चाहता है
एक पलंग बराबर जगह में
एक कोठरी के मुट्ठी भर साम्राज्य में

एक कराह में बदल जाती हैं
ख़ूँख़्वार फ़ौजी हुंकारें।

पर, और भी बहुत कुछ है
इस सीमा से आगे

फिर भी क्यों हिचकता है हर विजेता आगे बढ़कर
उस चौखट को लाँघते

क्यों राज्यों को जीतने से कहीं श्रेष्ठतर
सफलताओं के आमन्त्रण को स्वीकारते!

कुमारजीव के सत्रह वर्ष बीतते हैं
ल्यांगचओ में
ल्वी-कुआंग की हिरासत में

सहसा ठहर गया है कुमारजीव का जीवन
एक अज्ञात जगह के
अनिर्दिष्ट समय में।

कहाँ कूछा का विद्वानों, कलाओं
और संगीत से भरा पूरा जीवन
और कहाँ यह निचाट ख़ालीपन

जो दिखाई दे रही थी नयी किरण—छांग-आन
अचानक बीहड़ों में विलुप्त हो गयी

एक अकथ कुंठा से
भर उठा था उसका मन।

घने बादलों से भरा आकाश
ख़ाली हो जाता है वर्षा बाद

सूखी धरती पर नदी नाले
ताल तलैया भर उठते हैं
एक नये जीवन से

हरी भरी हो जाती है प्रकृति।

सोचता है कुमारजीव—
क्या ख़ाली होता है
क्या भरता है।

देखता है वह
बाढ़ के उतरते जल के

पीछे छूट गयी कीच में
उग आये हैं नन्हें-नन्हें पौधे

तितलियों के पंखों की तरह
धूप में चमक रहे फूल-पत्ते,
ओस बिन्दु

वह देख रहा
उस भूखंड को
जिसमें खर-पतवार उग आये थे

जो हो सकता था
एक घर का आँगन,
एक सरोवर
और उपवन भी।

वह देख रहा
किसानों को काम करते—प्रहरियों को गश्त लगाते
व्यस्त मजदूरों और व्यापारियों को

सोचता है कुमारजीव—
इसी तरह कठिन परिस्थितियों से
निकलकर विकसित हो सकता है
मनुष्य का श्रेष्ठतम जीवन-बोध।

वह अनुभव कर रहा था
कि यही वह समय है
जब उसे अपनी जीवन ऊर्जा को
पूर्णतया संयत रखना है।

उन सामान्य और साधारण जन से भी
बहुत कुछ सीखा और पाया जा सकता है

एक सैनिक की,
एक गृहस्थ की भाषा में भी
ध्वनित होता था वही जीवन
जिसके सार-तत्त्व को
कुमारजीव ने
पाया था बड़े बड़े ग्रन्थों में।

दूसरों को देखते और सुनते हुए
उसे लगा कि इस संसार को वह
एक से अधिक अर्थों में ग्रहण कर रहा है।

दूसरों की समझ से
अपनी समझ को भी समझ रहा है।

कि अन्य दूसरों की दृष्टि
उसे कम नहीं करती
एक दूसरी तरह विस्तृत करती है

वह दूसरा जो उसका ही प्रतिरूप है
अलग करते ही
एक बच्चे की तरह फूट-फूट कर रोने लगता है
क्या उस समय उसकी जगह कोई और होता है?

यह कैसा दर्पण है जिसमें वह स्वयं दिखता है
और सब कुछ देखता भी है।

जब जी उठते हैं
वे तमाम शब्द
जिन्हें बड़ी मेहनत से उसने
अर्थ देने में अपना जीवन लगाया है।

कान्सू के एक तंग दर्रे से गुज़रता है जीवन

क्या हो सकता है उसका अर्थ
एक नयी भूमिका या अन्तकथन?

उठा कर मुट्ठी भर धूल को सूँघता है कुमारजीव—
वही गन्ध—वही स्पर्श—वही रस—
पूर्व से निकलता सूर्य
छांग-आन की दिशा में।

क्या होगा वह सवेरा भी जिसकी प्रतीक्षा है
क्या वह जा पाएगा कभी छांग-आन?

या ठहर गया है जीवन
अकस्मात् बीच ही में किसी मोड़ पर कहीं।

क्या एक पड़ाव भर ही है ठहराव यह,
पहुँचना है उसे अभी और आगे कहीं।

हो सकता है इस सुबह की कल न हो,
हो सकता है कल जो हुई रात
यह उसकी सुबह हो

भर जाता उसका मन
दिशाहीन ध्वनियों से,
घिर गया है निराकार आकृतियों से
उसका विश्व-बोध,
फैल गया है रंगों का निर्लेप
कभी काला कभी सफ़ेद
इतना बेरंग जैसे ख़ामोशी

ऐसे ही किसी शून्य से
शुरू हुई होगी सृष्टि

यह क़ैदघर भी एक स्वप्न-घर हो
भिन्न तरह जीने का अवसर हो
हो सकता है...हो सकता है...
इस निर्वासन-स्वीकार में भी बहुत कुछ हो सकता है

बीतता है कुमारजीव का समय
चिन्तन मनन में
चीनी और संस्कृत भाषाओं के
गहन अध्ययन में।

कुमारजीव कक्ष की दीवारों को
ग्रन्थों से ढक देता है

दीवारों को मानो पंख लग जाते
वे उड़ने लगतीं देश-विदेश,
काल-त्रिकाल में

एक कारागार में भी सम्भव है
प्रतिदिन एक नया जीवन।

शब्दों की दुनिया में
स्वतन्त्र विचरती है कल्पना

दीवारें उनके लिए नहीं,
उनका देशकाल अनन्त है
उनकी दुनियाएँ
उनकी भाषाएँ
उनके देश और विदेश

एक भाषा से दूसरी में
प्रवेश करता है कुमारजीव

एक देश से दूसरे में
एक संस्कृति से दूसरी में

भारत से चीन तक
अपने आप बनता जाता एक सूत्र-मार्ग।

छोटा-सा कक्ष विचारों और कल्पनाओं का
विमान हो जाता
कुमारजीव जीता विभिन्न भाषाओं—
संस्कृत, तुषारी, चीनी में
एक नया जीवन...

एक छोटा-सा कक्ष
अब इतना बड़ा हो गया
कि उसके बाहर निकलना
एक दुनिया से बाहर निकलने जैसा लगता है

कहीं जाता तो लगता
अपने कमरे में ही है,

किसी से मिलता तो लगता
वह उससे मिलने आया है

कक्ष इतना बड़ा हो गया जैसे एक पूरा संसार।

ईंट गारे का नहीं
केवल पुस्तकों का बना था
उसका कक्ष
आश्चर्य, वे दीवारें घेरती नहीं थीं
घेरों को तोड़ कर
क्षितिज तक फैल जाती थीं

दृष्टि को पंख देती थीं
और एक अलग आकाश भी

कुमारजीव को क़ैद करने वाले सन्तुष्ट थे
कि वह उनकी बनायी दीवारों में क़ैद है
पर वह जानता था कि वह मुक्त है

मुक्ति के एक ऐसे उन्मुक्त असीम में
जिसमें विचार हैं, कल्पनाएँ हैं, भाषाएँ हैं,
साहित्य, इतिहास और ज्ञान-विज्ञान हैं।

जिस महाविश्व में
निरन्तर विचरता था वह
उसे किसी भी दीवार से
घेरना असम्भव था

पत्थर की दीवारों से
लड़ने के बजाय
उन दीवारों को
पारदर्शी और दूरदर्शी बना लिया था।

और इसी तरह सत्रह वर्ष बीत गये
एक ऐसे दिन की तरह
जिसमें रात नहीं
हर समय उजाला ही उजाला था :

ऐसा उजाला जो उसके अन्दर बस गया
हमेशा के लिए उसे अपना घर बना कर।

वहाँ मिली उसे ऐसी विद्या
जिसे पहले कभी नहीं जाना था
वहाँ मिला उसे एक ऐसा आज
जो कल भी था
और कल भी होगा।

मन में उठी एक तरंग
जिसे अभी देख रहा था
उसे पहले भी कभी देखा था।

दूर तक फैली हुई थी
केवल एक तटस्थता
जिसकी प्रगल्भता उसे छू कर
बिखर जाती थी।

कभी-कभी चला जाता है वह अशरीर
किसी अन्य समय में—जैसे बुद्ध के समय में—

जीने एक अच्छा जीवन
और छोड़ जाना चाहता है अपने समय पर
उस की एक अक्षय छाप...

एक छोटा-सा एकान्त बनाता मन
अपने संसाधनों से

जिसमें आमन्त्रित करता है ईश्वरत्व को;

उसके आते ही बहुत बड़ी हो जाती है वह जगह,
उसमें एक छोटा-सा राज्य होकर रह जाता है शरीर।

असाधारण, अद्‌भुत प्रतिभा
धीरे–धीरे प्रकट होती है
स्वयं एक सूर्योदय की तरह।

धीरे–धीरे डिगने लगती है
उसके सामने
ल्वी–कुआंग की कठोरता,
पसीजता उसका हृदय
जैसे पत्थरों में धीरे–धीरे रिसता है पानी
जैसे उगता है कठगुलाब शिलाओं पर
जैसे उगते हैं फूल काँटों के बीच

कुमारजीव के चेहरे की क्षमाशील उदासी
बदल देती सेनानी का मन

बदल देती बन्दी कुमारजीव को
उसके मित्र और सलाहकार में।

धूर्त ल्वी-कुआंग कुमारजीव की प्रतिभा का
लाभ उठाना चाहता था

किन्तु यह भी समझ रहा था
कि उसकी राजनीति में
कुमारजीव की विद्वत्ता से
उसकी ख्याति अधिक उपयोगी है।

कुमारजीव भी यह जान रहा था
कि एक चालाक राजनीतिज्ञ के चंगुल में फँस कर
वह अकेला हो गया है।

सोचता है वह
कई तरह के होते हैं अकेलेपन

जैसे अकेली जगहों का निर्जन,
जैसे भरी भीड़ में भी अवाक् होते जाने की घुटन

जैसे वह जो रह जाती है घर में
किसी प्रिय के न रहने के बाद की स्तब्धता

जैसे एक ध्वस्त नगर का चीख़ता अस्थिपंजर,
जैसे सदियों पहले के वीराने में आज की वह लिखावट
जो पड़ाव था कल किसी कारवाँ का
और उस वैराग्य की चुप्पी
जो उत्पन्न होती है श्मशानों में

कहीं निर्वाण भी
इस सब से परे का
कोई अमूर्त अकेलापन ही तो नहीं?
जो दिखाई देता है
एक स्थितप्रज्ञ प्रतिमा के चेहरे पर मूर्त।

गुज़र जाते हैं
बर्बर झंझावात
रौंदते हुए
वनों में रचे बसे शान्त उपवनों को,
गुज़र जाती हैं आँधियाँ

याद आतीं करवट लेती ऋतुएँ
थारिम की घाटी में

ऋतु के स्वागत में पहला फूल
खिलने का साहस करता
और पूरी घाटी लहलहा उठती फूलों से

नाचता गाता बजाता
उत्सव मनाता फिर एक ढीठ जीवन।

एक छोटे शहर का
छोटा-सा संसार
किन्तु बहुत बड़ा परिवार...

उस समय वहाँ—

व्यस्त है जीवन
कामकाजी स्त्री की तरह
जो देर रात सोती
और मुँह-अँधेरे जागती है

गोबर उठाती, दूध दुहती
चारा लगाती, कपड़े धोती
खाना पकाती, देखभाल करती
बछड़ों की तरह बड़े हो रहे
घर के लड़के लड़कियों की

और सूरज निकलते–निकलते
चली जाती है खेत पर,
दिन ढले लौट कर सूत कातती
करघा चलाती, गीत गाती
सपना देखती
छुट्टी के किसी एक दिन का।

व्यस्त है जीवन
व्यापार की तरह

दौड़ते घोड़े, होड़ करते, लूटपाट करते
लड़ते भिड़ते कबीले, फ़ौजें
उद्योगपति, सौदागर
लादे सौदा बैलों, याकों और खच्चरों पर
करते बीहड़ों को पार
दूर देशों में फैले उनके व्यापार।

एक ऊहापोह चलता है
कुमारजीव के भीतर

यह ज्ञान-विज्ञान, शास्त्र-ज्ञान
किसके लिए!

वे जो सुखी हैं
सन्तुष्ट हैं
उनके लिए बौद्धिक जीवन भी
एक बुद्धि विलास से अधिक नहीं।

जो दुखी हैं उन्हें चाहिए
अपने दुखों का समाधान
भौतिक सीमाओं में।

क्या ज्ञान का संसार
दोनों के लिए बेमानी है

उनके लिए भी जिनका
मन्दिरों, संघों, पूजा पाठ का
एक दूसरी तरह का प्रपंच है।

जिस बात का मेरे लिए अत्यधिक महत्त्व है
क्या वह उनके लिए कल्पना-लोक है!

पूछता है स्वयं से कुमारजीव—
क्या बुद्ध के विचार दुनिया को बदल सकते हैं?

मानो उत्तर देते हैं तथागत—
जीने का ध्येय बदलते ही
बदल जाता है जीवन।

प्यार और करुणा से सोचें
तो जीने का अर्थ बदल जाता है।

'क्या तुमने भूख के अर्थ को जाना है?'

भिक्षुक हूँ।
कई तरह की क्षुधाओं को जाना है

सबसे पहले नाप कर देखा है
पेट की भूख को
जो एक कटोरा भिक्षान्न बराबर है

और उन इच्छाओं को भी जाना है
जो कभी शान्त नहीं होतीं
जो एक राक्षस की तरह उठती हैं
और मनुष्य के विवेक को खा जाती हैं

स्वभाव के उस हठ को भी जाना है
जो हमें परास्त कर देता है

और आत्मा की शक्ति को भी जाना है
जो शरीर को अपने अधीन कर ले सकती है।

कमरे से निकलकर
सीढ़ियाँ उतरती धूप

सीढ़ियाँ चढ़ता अँधेरा
कमरे में प्रवेश करता

कौन—पूछता कुमारजीव
कोई नहीं—उत्तर देता—कोई नहीं

रोज़ आता है अँधेरा इसी तरह
रोज़ आती है धूप इसी तरह।

वह उठ कर जलाता है एक चिराग़
काले सफ़ेद चारखानों पर परछाइयाँ

खेलने लगतीं मारकाट का खेल,
बातें करतीं युद्धों की भाषा में।

कुमारजीव से शतरंज खेल रहा है
ल्वी-कुआंग का उद्दंड बेटा

एक मोहरे को उठा कर
ढिठाई से पूछता है—क्या होगा
यदि मैं इस बादशाह के सिर को काट दूँ?

अन्योक्ति में उत्तर देता कुमारजीव—

सिर काटने का खेल फिर भी
इसी तरह चलता रहेगा, इसी तरह
एक बादशाह किसी दूसरे का सिर काटकर
बादशाह बन बैठेगा...

कुमारजीव उठ कर
बादशाह के मोहरे को देखता है

और उसको लापरवाही से
ज़मीन पर लुढ़का देता है।

एक बार सिंहासन पर चढ़कर
फिर कोई उससे नीचे उतरकर
उस प्रजा तक नहीं पहुँच पाता
जो उसे शक्ति देती है।

एक सीलबन्द महल की खिड़कियों से
बाहर की ओर झाँकता है ल्वी-कुआंग

देखता है अपनी प्रजा को जो
अपने दुखदर्द की एक अन्तहीन भीड़ में बदल गयी है।

हम एक सपना देखते हैं
कभी सुन्दर कभी भयानक
और जीवन में खोजते उसका अर्थ

उसी तरह देखते हैं जीवन को
और सपनों में खोज पाना चाहते उसका समाधान।

कल दिन में मैंने एक जीवन देखा, सोचता कुमारजीव—
क्या भविष्य है उसका?

कल रात मैंने एक डरावना सपना देखा—
पूछता ल्वी-कुआंग कुमारजीव से—
बताओ क्या है उसका अर्थ
एक आदमी बदल गया था एक भयानक ड्रैगन में
आदमी का रक्तपान करने वाले भयानक दैत्य में

शोर मचता
महल के पूर्वी प्रवेश-द्वार से
घुस आया है मुँह से आग उगलता
एक प्रागैतिहासिक दैत्याकार ड्रैगन

वह देख रहा एक दुःस्वप्न
कि उसका महल बदल गया एक डूबते जहाज़ में

एक त्रिमुखी काल-सर्प ने
घेर लिया है उसे
जिसके जबड़ों में छटपटा रहा है
वह, उसका राज्य और उसका वंश।

अचानक एक ख़तरनाक मोड़ लेता है
राजनीति का खेल—

कुमारजीव देखता—
एक रोगी और हारे हुए ल्वी-कुआंग को
मृत्यु की चौखट पर लड़खड़ाते

कई सिर दौड़ते हैं ताज के लिए।

ख़बर मिलती
छांग-आन सम्राट की सेनाएँ
घुस आई हैं महल के परिसर में

पूरा परिदृश्य
समाप्त हो जाता ल्यांगचओ में।

दूर छांग-आन में फिर होती है
एक बड़ी उलटफेर
फ़ू-च्येन के वंशज याओ-शिंग के हाथों में
लौटती है सत्ता

एक दिन सुनायी देता—
उठो, कुमारजीव
तुम अब मुक्त हो। चलो
हमारे साथ इस क़ैद से बाहर
हम तुम्हें दूसरा नगर—दूसरा घर—देंगे।

सोचता कुमारजीव—
मैंने तो पहले ही अपने को मुक्त कर लिया है
घरों और नगरों से

नया नगर, नया घर, नयी दीवारें,
नया बन्दीघर—
जो तुम प्रदान करोगे
वे मुझे बाँध नहीं सकेंगे

एक निश्चय में बदल चुकी है
मेरे 'होने' की वजह।

और याओ-शिंग द्वारा शासित छांग-आन में
पहुँचता है कुमारजीव।

छांग-आन

長安で過ごした
およそ八年間に
クマラジュウが
翻訳したと
いわれる仏典は
大品般若経
金剛般若経
妙法蓮華経
維摩経
阿弥陀経
といった代表的な
大乗経典を
はじめとして
じつに三十五部
三百九十四巻にも
およぶという——

छांग-आन में कुमारजीव

कुमारजीव प्रवेश करता है
एक अन्य देशकाल में
अपने अमूल्य ग्रन्थों के साथ।

सोचता है अब शुरू हुई
एक नयी सदी
तथागत के सदियों बाद।

बदलती जगहें, भाषाएँ, मौसम,
बदलते सम्राट और लोग

कहीं भी रहूँ
कैसे उग आते हैं मेरे अन्दर से
मेरे ही बन्धन

उन्हें तोड़ते ही जुड़ जाता हूँ
अपने उस दूसरे अर्द्धांग में
होने वाली सुबहों से।

आती हैं संगतकार ऋतुएँ प्रतिवर्ष
बहारें, वर्षा, शिशिर, ग्रीष्म, पतझर, शरद...

एक गायक की तरह सुनता रहा कुमारजीव
अपने भीतर बजता एक जीवन राग
निर्जीव वाद्यों में भी जो डाल देता है प्राण।

एक प्रतीक्षा है अन्दर
एक प्रतीक्षा है बाहर
कोई आ सकता है माँगता हुआ
एक अवसर

पर्याप्त होगा
छू देना इस सारे दृश्य को
एक सहज स्वीकृति से

मुझे दो वसन्त : फूलूँगा
मुझे दो वर्षा : भीगूँगा
मुझे दो शिशिर : काँपूँगा
मुझे दो ग्रीष्म : तापूँगा

तुम बार बार सहर्ष इस जीवन में आओ :
मैं बीतूँगा हज़ारों वर्ष
इन उत्सवों को मैं पहले भी मना चुका हूँ
मैंने इन्हीं ध्वनिप्रधान मन्त्रों को
कई बार पहले भी पढ़-पढ़ कर समाप्त किया है।

जीवन का वह भी एक अर्थ है
कविता की तरह सुन्दर
जिसके बिना नीरस है ज्ञान-विज्ञान।

एक बीज बोते ही मिट्टी बदल जाती है वृक्ष में
और एक वृक्ष बदल जाता है पूरी सृष्टि में।

मैं यहाँ आया नहीं
वहाँ लौट गया हूँ जहाँ कभी था

मुझे पूरी कहानी
पहले ही से मालूम है

अन्त में मुझे मरना है धीरे धीरे
इतनी सफलता से
कि पूरा जीवन सच्चा मालूम दे।

अपने समय का एक अद्वितीय विद्वान, कवि और चिन्तक
प्रतिष्ठा के शिखर पर पहुँच कर
सोचता है कुमारजीव
छुटपुट स्मृति–खंडों में...

जानता है
कुछ ही वर्ष और रहना है उसे
इस पृथ्वी पर

शेष जीवन मानो बेहद
जल्दी बीतने की उतावली में है

एक प्रबल जिजीविषा ने
उसे घेर लिया है

जिसे कम जिया उसे
अधिक जीना चाहता है,
जिसे अधिक उसे
और अधिक जीना चाहता है।

यह कैसी उथल-पुथल है उसके अन्दर
कि शेष जो बचा है
उसे समस्त की परिपूर्णता में जीना चाहता है।

मिटता जाता है धीरे-धीरे
आत्मिक और अनात्मिक का अन्तर
यह कैसा हठ
समग्र को पाना चाहता है
उसी का एक छोटा-सा अंश
कालातीत हो जाना चाहता है
एक लघु काल-खंड।

हम केवल अतीत को जी पाते हैं
वह जो था—

एक पल पहले से लेकर
हज़ारों वर्षों पहले तक फैला

जिसे कहते आज या 'अभी'
छूते ही बदल जाता है
'कल' के अवशेषों में

देर नहीं लगती तत्काल को
दीर्घकाल हो जाते।

वह जीना चाहता है
वर्तमान को, स्वंय की चेतना को
एक रक्षणीय विचार की तरह

छोड़ जाना चाहता है
ऐसा कुछ स्मरणीय
जिसमें
एक दिव्यात्मा की
स्मृतियाँ हों।

सम्राट कहता—'अद्भुत, अद्वितीय, अप्रतिम कुमारजीव!
किन्तु अकेले हो तुम इस दुनिया में
तुम्हारे जैसे अनेक कुमारजीव होने चाहिए—सशरीर'

कुमारजीव स्तब्ध है इस राजाज्ञा के सामने

देखता है कुमारजीव—सम्राट द्वारा भेजी
अपने सामने खड़ी राजकुमारी और युवतियों की पंक्ति

हर समस्या का सीधा उपाय
शारीरिक समाधान,

वह—जो आत्मिक है, वह तो
सदियों में उत्पन्न होता है,

एक कुमारजीव शरीर से नहीं
आत्मानुसन्धान से प्राप्त होता है
और उसी में जीता है सदैव :

वह कैसे जिएगा वस्तुओं को
कैसे कभी मरेगा
मुश्किल है यह एक राजा के लिए समझ पाना।

किन्तु कुमारजीव अपने को
हर हाल में संयत रखेगा

उसे स्वीकार है जीवन की
यह परिस्थिति भी

बाधाएँ कमज़ोर को तोड़तीं
दृढ़ मनोबल को और दृढ़ करती हैं।

एक गृहस्थ जीवन को—
जिसमें वासना है, वात्सल्य है, समर्पण है—

स्वीकार करते हुए भी कुमारजीव
अपने लक्ष्य से विचलित नहीं होगा।

कहता है कुमारजीव उनसे
तुम सब मेरे लिए
केवल भोग–सामग्री नहीं

मेरी ही तरह वह
समग्र जीवन–बोध हो

उस समग्र को जब तुम जानोगी
तब उससे कम को जीना
असम्भव हो जाएगा

जीवन जितना दीखता है
उससे कहीं अधिक अदृश्य है

अदृश्य को अनुभव करते ही
वह स्वयं प्रकट होने लगता है
यहाँ से वहाँ तक
स्व से सर्व में।

सुजाता की लघु-करुणा में भी
बीज थे महा-करुणा के।

यह केवल एक मनोदशा नहीं
एक लघुता से विमुक्ति है विशालता में
एक स्थायी भाव
जिसमें भटकनें नहीं—उन्मुक्त विचरण है...

उन्हीं वृत्तियों से
जिनसे मिल कर बना है
यह काया-संकाय

इनमें से किसी भी वृत्ति की
स्वतन्त्र वृद्धि की जा सकती है
सत् या असत् की दिशा में :

और दिया जा सकता है उन्हें
एक अतीन्द्रिय अहं,
चित्त
और बुद्धि का त्रिभुवन

प्रकृति सर्वथा अकरुण नहीं है
वह हमसे कुछ भी छीनती है
तो उससे अधिक कुछ देती भी है।

मेरे पास जब भी आना तो
शरीर से अधिक अनश्वर कुछ पाने के लिए

ऐसा कुछ जो हमेशा तुम्हारे साथ रहे
सम्भोग से कहीं अधिक स्थायी और आत्मिक।

जिसकी सिहरन कुछ इस तरह
बस जाए तुम्हारे रोम-रोम में
कि वह अनायास प्रकट हो किलकारियों की तरह
तुम्हारे सान्निध्य-मात्र से।

प्रेम अपने दैहिक और
आत्मिक दोनों रूपों में
एक उदात्त अनुभव है।

एक पल
अनुभूतियों की निरवधि में,
एक अनुभव
जो उद्भासित होना चाहता है धीरे धीरे
विस्मय से बने
एक आश्चर्य-लोक में

कई मार्ग हो सकते हैं ऐसे भी
जो जीवन को समृद्ध करें
देवत्व की ऊँचाइयों तक।

कीच और जल से अलिप्त
जैसे जीता है पुंडरीक
शुभ्र, सुन्दर और कवित्वमय

जीता है कुमारजीव एक पारिवारिक जीवन
छांग-आन के बौद्ध मठ से कुछ दूर।

कुमारजीव को
एक सुखी गृहस्थ जीवन जीते देखकर
सोचते उसके शिष्य—
'क्यों न जियें हम भी इसी तरह'

'अवश्य, अवश्य' चौंका देता उन्हें
कुमारजीव का उत्तर, किन्तु... केवल इतना ही नहीं,
वह सब करना
जो कर सकता है कुमारजीव

मृत्यु से भी खेलना उसी तरह,
जैसे जीवन से।

यह विलास केवल आंगिक है
इसलिए आंशिक

कुमारजीव की तरह जीने का अर्थ है
जीना—
उसकी समग्रता में और अतिरेक में भी।

जो प्रकट है
उसका पूरक अप्रकट है और अथाह

अप्रकट को हम थोड़ा बहुत
अनुमान द्वारा ही जान सकते हैं
अनुमानित को सिद्ध करना पड़ता है
जीवन के मानक चिह्नों और प्रतीकों द्वारा

चिह्नों और प्रतीकों की भी भौतिक सीमाएँ हैं

उनके द्वारा हम केवल इतना ही सिद्ध कर सकते हैं
कि वह जो अदृश्य और अज्ञात है
उसके बिना वह सब अपूर्ण है
जो हम जानते हैं।

नागार्जुन और अश्वघोष जैसे
प्रखर विचारकों की
कृतियों से परिचित होने के बाद से
कुमारजीव अनुभव कर रहा था
कि आमूल बदल गयी है
न केवल उसकी दृष्टि
और उसका यथार्थ-बोध
बल्कि वस्तु-जगत और परा-जगत को
सोचने समझने का उसका तरीक़ा भी।

सोचता है कुमारजीव—
क्या है वह परमज्ञान :

एक समुज्ज्वलता—जो एक बार प्रज्वलित होकर
फिर कभी नहीं बुझती

असह्य ताप और दबावों से निर्मित
हीरा फिर कोयला नहीं हो सकता
क्योंकि वह विदग्ध है

वही है—प्रज्ञा-पारमिता—परमज्ञान
जिसे जान लेना अज्ञान के अँधेरों से
सदा के लिए बाहर निकल आना है।

ध्वनियों के कुशल संयोजन से
अस्तित्व में आते हैं
जैसे संगीत, जैसे शब्द
और सम्प्रेषित होते हैं अर्थ

कुछ शब्दों के दोहराव से
रगड़ पैदा होती है
और उत्पन्न हो सकती हैं
ऊर्जा की चिनगारियाँ और मन्त्र-शक्ति।

कहता है कुमारजीव—
शून्य को ध्यान से सोचो
उसमें डाल दो एक नील पुंडरीक
वह तुम्हारी चेतना का
चिदाकाश हो जाएगा

उसमें तैरा दो एक अरुण पुंडरीक
और वह सुबह के होठों पर
मुस्कराता प्रकाश हो जाएगा

उस चेतना में तैरा दो
एक श्वेत पुंडरीक और वह
सब कुछ को समेटता हुआ
प्रज्ञा–पारमिता का
उजास हो जाएगा।

यह सब केवल शब्द–जाल नहीं
शब्द–जाल के पार
उस सत्य को देख सकने का प्रयत्न है

जो सांसारिक मोह जाल की
भाषा से ढका है

वह हमारी चेतना का लघुतम बिन्दु है
और उसी से संयुक्त
समग्र की चेतना भी।

वह स्वयं सिद्ध है
उसे सिद्ध नहीं करना है,
उसकी अपेक्षा सिद्ध करना है
उस सबको जीवन में
जो श्रेष्ठतम और सुन्दरतम है

उसे प्रमाणित करना है
जी कर और अन्ततः पी कर
उसके सार-तत्त्व को।

दो हज़ार शिष्यों से भरे
मठ के प्रांगण में बैठे
कुमारजीव को लग रहा था

मानो यही हो संसार को देखने का
सबसे संवेदनशील कोण।

वह सम्मानित हो चुका था
अनेक राज दरबारों में
किन्तु जैसा सम्मान
इस परिसर में बोलते हुए
अनुभव कर रहा था
वह अद्वितीय था

उसे लग रहा था जैसे वह
उपासक हो
और उसके सामने एकसाथ बैठे
भिक्षुक और राजा
किसी व्यक्ति को नहीं
बल्कि दुनिया के श्रेष्ठतम ज्ञान को
सम्मानित कर रहे हों।

वह बोलता तो लगता
समय के बीतने का बोध
विलुप्त हो गया है

वह चुप हो जाता तो लगता
समय कान लगाये उसे और सुनने की
प्रतीक्षा कर रहा है

कुमारजीव की ख्याति से आकृष्ट होकर
दूर दूर से आए बौद्ध विद्वानों
के समूह में

सम्राट याओ-शिंग का भी साथ बैठकर
इन सभाओं में हिस्सा लेना
विशेष माने रखता था।

ये विचार जहाँ मनुष्य के
आन्तरिक जीवन को कोमल करते थे
वहीं उस बाहरी जीवन को भी
जिस पर उसके कर्मों की
छाया पड़ती थी।

सब जानते थे कि यह ज्ञान
यथार्थ से पलायन नहीं है
बल्कि जीवन को
अधिक मानवीय बनाने वाला है।

धीरे धीरे यह सन्देश दूर दूर तक
फैल रहा था
कि राजनीति का मतलब
हिंसा और आतंक का   राज नहीं

अति महत्वाकांक्षी और निष्ठुर शासक की प्रजा
कभी सुखी नहीं हो सकती

लोगों को भुलावे में रखना
उनके साथ विश्वासघात है

आक्रामकता का मनोविज्ञान कहीं
हिंसक प्रवृत्तियों को उकसाता है।

सदाचार और सद्विचारों की
एक महिमा होती है

जिससे उत्प्रेरित मानव मूल्यों से भी
अनुशासित हो सकता है
एक राज्य और समाज।

तीन सौ से भी अधिक
बौद्ध ग्रन्थों के संस्कृत से
चीनी भाषा में अत्यन्त सजीव अनुवाद
कर चुकने के बाद भी
कुमारजीव का उत्साह
कम न हुआ था

वह समस्त बौद्ध और संस्कृत वांग्मय को
चीनी भाषा में इतने रचनाशील ढंग से
उतार लाना चाहता था
मानो वह उस भाषा का अपना साहित्य हो।

अनूदित भाषा में उनका घर बनाना चाहता था
मात्र उनका अतिथि-घर नहीं।

अपने शिष्यों के साथ
बौद्ध ग्रन्थों का अनुवाद करते हुए वह
एक गोताखोर की तरह
भाषा के अथाह सागर से
शब्दों के विरल मोती निकाल लाता

और उसकी आभा
सब को चकित कर देती।

वह जान रहा था कि यह किताबों में
बन्द रह जाने वाला विमर्श नहीं,
साक्षात् जीवन से निकला
अनुभव था
जो जीवन में पुनः घुलमिल जाता है।

माध्यमिका, पुंडरीक-सूत्र और प्रज्ञा-पारमिता
जैसे ग्रन्थ अनुवाद मात्र नहीं
बल्कि उनमें मूल की गरिमा

और काव्य का माधुर्य
पूर्णतः सुरक्षित था

उसके अमूल्य अनुवादों ने
चीनी भाषा और साहित्य में
एक स्थायी जगह बना ली

वे आगे चल कर जापान, कोरिया आदि
देशों में भी प्रतिष्ठित हुए

यह प्रक्रिया केवल अनुवाद नहीं थी,
दो भाषाओं के बीच
एक प्रगाढ़ मैत्रीपूर्ण सम्मिलन का
अद्वितीय उदाहरण था।

रचना भी उच्च कोटि का अध्यात्म है
वह उदात्त की दिशा में ऊर्जा का
संयत रूपान्तरण है

रचनाशीलता में साधक अपने साध्य से
एकाकार होता है
उसकी सद्वृत्तियों का परिष्कार
एक नया रूप धारण करता है।

अध्यात्म धार्मिक या अधार्मिक नहीं होता

वह मनुष्य की आत्मिक शक्तियों का
उसकी कृति में पुन:स्थापना द्वारा
लौकिक में अलौकिक की पहचान पाता है।

यह चेतना का जीवन में पुन:प्रवेश है
बहिष्कार नहीं, अत: दोनों में विभिन्नता है
अन्तर्विरोध नहीं।

तत्त्वों का यह संकाय
केवल शारीरिक नहीं है।

चेतना में वह स्वतन्त्र शक्ति है कि वह
बिल्कुल मौलिक संकाय भी
रच सके

और यह रचनाशीलता ही
अध्यात्म का सार अनुभव है।

अचानक सुनायी देता कुमारजीव को
आचार्य विमलाक्ष पधारे हैं छांग-आन में—

छांग-आन में, क्या मैंने ठीक सुना?

दैवात् यह आगमन—गुरु विमलाक्ष का
क्या अर्थ हो सकता है इसका।

उसे याद आता गुरु विमलाक्ष के साथ कूछा में
विनयपिटक का अधूरा अनुवाद

विनयपिटक का अनुवाद जो अधूरा रह गया था
तो इस आगमन का अर्थ
उस अधूरे को पूरा करने का संकेत।

एक सेतु बनता है कूछा से छांग-आन तक :
बीच की सारी घटनाओं
और दुर्घटनाओं को लाँघता हुआ,

बौद्ध धर्म में कुमारजीव की आस्था को
उसके शिखर तक पहुँचाता हुआ।

गुरु विमलाक्ष के साथ अधूरे अनुवाद को
अब छांग-आन में पूरा करना है।

कुमारजीव डूब जाता है गहरे विचारों में
एक ऐसे समय जब उसका जीवन
एक नया मोड़ ले चुका था
परिवार की दिशा में

क्या विनयपिटक का संकेत
उससे भिन्न कुछ अर्थ रखता था

या किसी विरोधाभास का इंगित था
या सम्भव था दोनों के बीच
एक समन्वय

यह विरोधाभास था या एक चुनौती
कि जिया जा सकता है
एक साथ गृहस्थ जीवन भी

और किया जा सकता है ऐसा कुछ
जो सहसा विपरीत लगता हो

कुमारजीव स्वीकार करता है
दोनों को
और पूरा करता है अधूरा छूट गया
विनयपिटक का अनुवाद
आचार्य विमलाक्ष के साथ।

कुमारजीव को इधर लगने लगा था
कि वह जी रहा था
एक जीवन अपने वर्षों बाद
किसी अन्य युग में

जगहें और लोग बदल चुके थे
एक धुन्ध में डोलती
परछाइयों में

उनकी अर्थहीन आवाज़ें
पहुचती थीं उस तक
जैसे किसी घने जंगल में
एक वृक्ष के तले

स्मृति शिला पर
झरती सूखी पत्तियों का मर्मर।

पर वह जानता था कि
यह अन्त नहीं,
केवल एक दीर्घ विराम है।

शीघ्र ही उसके शब्दों की
गहरी नींद टूटेगी
और उन्हें एक नई
जागृति मिलेगी।

वन का सन्नाटा पुनः भर उठेगा
एक शिशु के क्रन्दन से

और शुरू होगी इस तरह
फिर उसके जीवन की
आदि-कथा उसी के शब्दों में।

आले पर रखी रेत घड़ी
कहती— उठो अब वक़्त आ गया।

कोने में खड़ी छड़ी
कहती— चलो अब बहुत दूर जाना है।

पैताने रखे जूते पाँव छूते
पहन लो हमें— रास्ता ऊबड़-खाबड़ है।

सन्नाटा कहता— घबराओ मत
मैं तुम्हारे साथ हूँ।

यादें कहतीं— भूल जाओ हमें अब
हमारा कोई ठिकाना नहीं।

सिरहाने खड़ा अँधेरे का लबादा
कहता— ओढ़ लो मुझे
बाहर बर्फ़ पड़ रही
और हमें मुँह–अँधेरे ही निकल जाना है

एक बीमार
बिस्तर से उठे बिना ही
घर से बाहर चला जाता...

थ्साओथांग मन्दिर का परिसर गूँज उठता
विदा मन्त्रोच्चार की
उदास ध्वनियों से...

सिसकियों में बदल जाती
एक ख़ामोशी...

वे मरेंगे नहीं
नये-नये रूपों में लौटते रहेंगे हमारे बीच
विकसित होते रहेंगे
सृष्टि के नियमों के अनुसार

जिन्हें हम भाषा में रोपित कर जाएँगे

वे किसी भोजपत्र पर लिखे
प्राचीन आलेख की तरह
संसार के कोने-कोने में घूमेंगे

विभिन्न कालखंडों में
व्याख्या होगी उनकी

समय पढ़ता है केवल शब्दों को नहीं
आँसू की उस बूँद को भी
जो कभी-कभी टपक जाया करती है
अक्षरों के बीच...

❑❑❑

इस काव्य-रचना में निम्नलिखित पुस्तकों से संकेत लिए गए हैं :

1. René Grousset — The Empire of the Steppes : A History of Central Asia; Rutgers University Press, New Jersey, 1970.
2. Jonathan Tucker — The Silk Road : Art and History; Art Media Resources Ltd., Chicago, 2003.
3. Nirmala Sharma — Kumārajīva; Niyogi books, New Delhi, 2011.
4. Luce Boulnois — Silk Road : Monks, Warriors & Merchants; Odyssey Books, Hong Kong, 2008.
5. Li Jian (Ed.) — The Glory of the Silk Road; The Dayton Art Institute, Dayton, 2003.
6. A.L. Basham (Ed.) — A Cultural History of India; Oxford University Press, New Delhi, 1975.
7. Suniti Kumar Chatterji, Nalinaksha Dutt, A.D. Pusalker, Nirmal Kumar Bose (Ed.) — The Cultural Heritage of India (Volume I); The Ramkrishna Mission Institute of Culture, Kolkata, Reprint 2007.
8. Heinrich Zimmer — Philosophies of India; Motilal Banarsidas, Delhi, Reprint 2011.
9. D. Devahuti (Ed.) — The Unknown Hsüan-tsang; Oxford University Press, New Delhi, 2011.
10. Rajeshwari Ghose (Ed.) — Kizil on the Silk Road; Marg Publications, Mumbai, 2008.
11. Lokesh Chandra — Kashmir and Central Asia in the First Millenium; Article in `Dialogue' Quarterly, (Volume X No. 1), New Delhi, July-Sept. 2008.
12. राहुल सांकृत्यायन — मध्य एसिया का इतिहास (दो भाग); बिहार-राष्ट्रभाषा-परिषद्, पटना, 1956, 1957.
13. आचार्य नरेन्द्रदेव — बौद्धधर्म-दर्शन; मोतीलाल बनारसीदास, दिल्ली, पुनर्मुद्रण 1994.
14. गजानन माधव मुक्तिबोध — भारत : इतिहास और संस्कृति (रचनावली-6 में संकलित); राजकमल प्रकाशन, नयी दिल्ली, संस्करण 1986.

णाणं पयासयं

2470 1944

भारतीय ज्ञानपीठ